Alain Prinsaud
PEMF/IUFM de Limoges

Apprentissage de la lecture à partir de l'album

Bon appétit ! Monsieur Lapin

Claude Boujon
(l'école des loisirs)

l'École
11, rue de Sèvres, Paris 6e

Réf. Loi du 11.03.1957
Dépôt légal : janvier 2006
Imprimé en France par Pollina, 85400 Luçon - n° L99192

APPRENDRE À LIRE EN GRANDE SECTION DE MATERNELLE

Peut-on parler d'ores et déjà de classiques en littérature de jeunesse ? L'œuvre de Claude Boujon dans son ensemble fait partie du fonds d'albums que les enfants aiment sans cesse écouter, prendre et reprendre, lire et relire. La trame narrative des récits, le monde fictionnel, les valeurs sous-jacentes distillées avec humour et dérision, les illustrations et enfin la dimension linguistique font la singularité de l'auteur et son succès auprès de ses lecteurs. Pour toutes ces raisons, Claude Boujon appartient à ces auteurs incontournables, capables de susciter plaisir et envie de lire.

À ce titre, nous le prenons comme point d'appui à l'apprentissage de la lecture et de l'écriture. Bien sûr, Claude Boujon n'a pas écrit pour apprendre à lire et à écrire aux enfants. Mais la littérarité qu'il déploie dans chacun de ses récits peut donner du sens à un acte qui n'est pas inné chez les élèves. La joie d'entrer dans son imaginaire motiverait leurs efforts pour apprendre à maîtriser la langue de l'écrit. Les investigations sémiotiques que ses histoires suggèrent justifieraient en outre l'emploi d'attitudes expertes à découvrir et à acquérir.

Sans le vouloir, Claude Boujon serait donc un auteur dont l'œuvre aurait de fortes vocations pédagogiques, pour ne pas dire scolaires. Pourtant destinés à d'autres fins, ses récits permettraient d'atteindre les trois dimensions dévolues à l'apprentissage de la lecture. Apprendre à lire nécessite en effet d'inscrire chaque projet de lecture à partir des albums dans une perspective culturelle, littéraire et technique. Aucune de ces trois dimensions n'est indépendante des autres. Leur apprentissage devrait être concomitant afin de ne pas réduire l'album à un support exclusivement scolaire.

La dimension culturelle

La prise en compte de l'espace et du temps nous paraît indispensable pour inscrire l'apprentissage de la lecture à partir des albums de jeunesse dans une perspective culturelle. En effet, force est de constater que les problèmes de compréhension des élèves résultent bien souvent de leur réticence à manipuler l'objet-livre et de leurs difficultés à établir des connexions entre les écrits littéraires. Ce ne sont pas là des attitudes naturelles. Ce ne sont pas non plus des compétences dont l'acquisition peut se faire de manière autonome. Croire que de fréquentes lectures par l'adulte suffisent à bâtir une culture de l'écrit est selon nous une erreur. Le plaisir qu'elles procurent est certes important. L'imaginaire qu'elles nourrissent est certes utile aux élèves. La représentation de l'acte de lire qu'elles sous-tendent est certes nécessaire. Mais la dimension culturelle exige plus que cela.

Afin de démontrer aux élèves que les livres ne sont pas des supports obscurs, hostiles et réservés à une minorité d'initiés voire à une élite, il convient de les leur faire manipuler, explorer tout en développant le désir de possession et de consommation au sens noble du terme. Pour ce faire, la visite et la fréquentation des lieux culturels dans lesquels les livres circulent apparaît comme une réponse scolaire possible. En effet, les librairies, les bibliothèques municipales et les BCD sont les endroits privilégiés pour faire comprendre aux élèves que les livres peuvent s'acheter, s'emprunter, s'échanger librement au gré des envies, des centres d'intérêts, du moment et des humeurs. Faire du livre un objet de convoitise personnelle, tel pourrait être l'un des objectifs culturels de l'apprentissage de la lecture à partir des albums.

Cependant, cette vision du livre en tant qu'objet à consommer ne peut être suivie d'effets positifs pour le goût de lire si l'on n'insiste pas auprès des élèves sur les libertés qu'il procure. En effet, trop d'élèves le jugent à tort comme un objet contraignant. Dès lors s'agirait-il de leur révéler les droits dont ils disposent en tant que lecteurs. En ce sens, il n'y aurait pas une et une seule attitude de lecteur à développer et à privilégier. Au contraire, dans le cadre d'un apprentissage culturel, une part des projets de lecture d'albums devrait être permissive. Il nous semble en effet utile à l'école d'autoriser le libre choix d'albums, le feuilletage anarchique, l'emprunt répété du même album, l'expression des impressions, à contrario les silences,… Il s'agirait ainsi de faire du livre un objet personnel.

Si l'espace social dans lequel circulent les livres est ainsi rendu accessible, il n'en demeure pas moins nécessaire de montrer aux élèves comment chaque objet s'inscrit dans cet ensemble. Cette nécessité oblige l'acquisition progressive de connaissances plus ou moins savantes sur le livre. Ces savoirs tiennent à la matérialité même de l'objet. Les livres en général et les albums en particulier ont chacun une identité qui en fait des objets singuliers. Le format, la mise en page, la typographie, les illustrations sont autant d'éléments qui permettent de les caractériser. L'école se doit d'apprendre aux élèves à prendre en compte ces choix artistiques et éditoriaux car ils orientent la lecture.

Le livre en tant qu'objet culturel fait partie d'un ensemble qui contraint au classement afin que chaque objet puisse être reconnu. Les critères qui en découlent déterminent la façon d'aborder le livre. Aussi nous semble-t-il nécessaire de familiariser les élèves avec les notions d'auteurs, d'illustrateurs, d'éditeurs, de collections sans lesquelles le livre n'existerait pas.

Ces premières considérations culturelles nous amènent donc à envisager l'utilisation des albums à l'école comme un moyen de démocratiser pour ne pas dire désacraliser le livre. Faire des apprentis lecteurs de futurs consommateurs de livres pourrait être une des ambitions dévolues à l'apprentissage de la lecture à partir de la littérature de jeunesse.

Toutefois, se limiter au désir de consommation et à ses seuls attributs externes serait à notre sens appauvrissant pour le livre. En effet, l'objet met en scène un texte et oblige la lecture. À ce titre, il appelle la compréhension.

Dans cette approche culturelle, la construction de sens fait davantage référence à la culture du lecteur et à sa mémoire littéraire. En ce domaine, la littérature de jeunesse regroupe bon nombre d'albums qui génèrent une lecture référentielle. En effet, les allusions culturelles y sont nombreuses et prennent forme par le biais de l'intertextualité, de la parodie, de l'adaptation, de la réécriture... Or cette mise en perspective appelle un comportement de lecture spécifique sans lequel la compréhension risque d'être altérée. Là encore, cette attitude n'est pas naturelle chez l'apprenti lecteur et nécessite un double apprentissage.

En premier lieu, pour le faire accéder en partie à cette forme de lecture, l'enfant a besoin d'acquérir une culture littéraire. Cela peut s'opérer par des rencontres régulières avec des textes à fortes valeurs littéraires. Parmi ce fonds, les contes traditionnels et certains récits contemporains permettent d'alimenter la mémoire de connaissances indispensables à une pratique culturelle de la lecture. En ce domaine, l'école a un rôle primordial. Elle serait le lieu où pourrait se bâtir et se structurer la culture des élèves. Pour cela il s'agirait, au travers de lectures variées, par le biais de projets, de les aider à conceptualiser des genres, à connaître les textes classiques et l'univers de certains auteurs, à repérer des techniques narratives... L'ambition étant grande, la progressivité des apprentissages est donc indispensable. De même, le degré de difficulté doit être croissant et en rapport avec le niveau de compétences des élèves.

Toutefois, bâtir la culture littéraire des élèves n'est utile que s'ils savent à quoi cela va leur servir. Dans le cas contraire, il ne s'agirait pour eux que d'un simple empilage de connaissances vide de sens. Le deuxième niveau d'apprentissage que la lecture référentielle suggère consiste donc à leur apprendre à mettre des textes en connexion. D'un point de vue scolaire, cela pourrait se traduire par des projets de lectures en réseau au cours desquels chaque enfant serait invité à repérer les éléments de communication entre les textes.

Leur mise en résonance permettrait ainsi d'atteindre deux objectifs culturels importants. Le premier consisterait à faire découvrir et structurer le socle des lieux communs culturels par le biais de projets de lecture autour d'un genre, autour de symboles, autour de mythes et légendes ou bien autour de personnages-types. Le second reposerait sur l'identification des singularités littéraires de certains albums. Les enfants seraient amenés à découvrir plusieurs œuvres d'un même auteur ou bien à explorer des procédés d'écriture singuliers.

Vouloir atteindre un de ces deux objectifs suppose de bâtir une culture commune. En effet, comment, dans une classe, les élèves peuvent-ils construire ensemble le sens d'une histoire, décortiquer le texte pour l'interpréter, le comparer à d'autres s'ils n'ont pas les mêmes références littéraires ? L'approche culturelle à l'école ne vise pas l'uniformisation. Elle a pour vocation de poser les premières pierres d'un édifice qu'il appartiendra aux élèves de faire grandir. En ce domaine, notre mission est de leur tracer le chemin et de leur donner envie.

Les moments de lectures offertes répondent en partie à cette exigence. Elles alimentent certes la mémoire des élèves, mais risquent d'être inopérantes dans le cadre d'une approche culturelle de la lecture si elles ne s'accompagnent pas parallèlement d'apprentissages visant l'acquisition de savoir-faire. En d'autres termes, il ne suffirait pas de lire des histoires aux élèves pour qu'ils sachent instantanément établir des liens entre elles.

La dimension culturelle d'un projet de lecture devrait ainsi être doublée d'une approche littéraire.

La dimension littéraire

À plusieurs reprises dans la collection « Apprendre à lire et à écrire à partir de l'album », nous avons défini ce que devrait être la lecture littéraire. Nous ne repréciserons donc pas les éléments narratifs et linguistiques à prendre en compte dans ce que nous pourrions appeler une analyse fine de l'album dans ses formes textuelles et iconiques. La lecture littéraire exige plus qu'une analyse globale consistant à chercher dans le texte et les images la réponse aux trois incontournables questions : « De qui parle l'histoire ? Où cela se passe-t-il ? Que se passe-t-il ? ». Elles constituent bien sûr un premier seuil de compréhension, mais elles réduisent considérablement les effets littéraires de certains albums. Elles ne permettent pas non plus d'atteindre les objectifs culturels décrits précédemment.

Les investigations littéraires devraient au contraire porter sur les valeurs narratives (construction du récit, cohérence et logique narratives), sur les acteurs et le cadre spatio-temporel dans lequel ils se caractérisent, agissent et évoluent, ainsi que sur l'argumentation idéologique sous-jacente des auteurs. Cette analyse fine nécessite bien entendu de faire des choix qui permettront de dégager les axes du projet de lecture à partir de l'album. Dans tous les cas, elle suscitera l'acquisition de compétences littéraires grâce aux interprétations et aux inférences que le texte et les illustrations obligent à réaliser.

Les albums se caractérisent en effet par l'équilibre entre un texte et des illustrations. Leur littérarité repose selon nous tant sur leur forme textuelle que graphique. Apprendre à lire à partir des albums, c'est à l'évidence s'intéresser au texte, aux phrases et aux mots, mais c'est aussi apprendre à lire les images. Cet apprentissage dépasse le caractère esthétique des compositions graphiques. En effet, les images ne servent pas seulement à illustrer de manière plus ou moins belle le texte. Elles participent au caractère littéraire de l'histoire par le biais d'une communication subtile avec l'écrit. Redondantes ou complémentaires avec le texte, les illustrations précisent, déstabilisent, confirment ou infirment les faits narratifs. L'apprentissage se situe donc dans un dialogue par lequel se construit l'histoire. Ainsi s'agirait-il de faire passer les élèves d'une approche descriptive à une démarche analytique au cours de laquelle nous retrouverions les interprétations et les inférences dévolues à l'apprentissage de la littérature.

La dimension littéraire impose de s'intéresser à ce que l'album contient de singulier. Cette singularité repose bien sûr sur le genre, sur le fond mais aussi sur la forme. En effet, comment faire entrer les élèves en littérature sans les amener à s'intéresser aux structures textuelles et syntaxiques, au poids des mots, à l'intertextualité et à l'hypertextualité ? Se limiter à la dimension narrative, même si elle s'accompagne d'un travail autour des illustrations, est à notre sens réducteur pour un tel apprentissage. Il conviendrait donc de compléter cette approche par une analyse linguistique pour conduire les élèves à comprendre comment l'auteur a choisi de construire son récit.

Cette autre voie d'apprentissages n'est pas une conséquence de l'approche narrative. Elle lui est au contraire concomitante. Les choix linguistiques de l'auteur, qu'ils soient textuels, syntaxiques ou lexicaux, font généralement écho au contenu narratif. Ils donnent vie au récit comme ils participent à la compréhension. À ce titre, les compétences linguistiques à construire à partir d'une lecture d'album ne sauraient être seulement grammaticales. En tant que telles, elles ne seraient d'aucun secours pour les élèves. Il nous semble donc important de lier étroitement le fond et la forme du récit dans l'analyse littéraire.

Si les albums offrent la possibilité de faire acquérir de vraies compétences relatives à la compréhension, ils constituent également un support privilégié pour motiver l'acquisition des mécanismes de lecture.

La dimension technique

Même s'ils n'ont pas été écrits pour cela, même si les puristes affirment que l'école les dénature, les albums permettent de donner du sens à un apprentissage difficile.

Apprendre à lire, c'est apprendre à comprendre, mais c'est aussi apprendre à décoder l'écrit. La quête de l'autonomie en lecture, objectif du cycle des apprentissages fondamentaux, passe par l'acquisition de mécanismes tels que la mémorisation de mots, l'anticipation et le déchiffrage. Au cours de cet apprentissage, il ne s'agit pas d'en privilégier un aux dépens des autres. Au contraire, il convient très tôt de montrer aux enfants que la compréhension nécessite un décodage rapide et précis de l'écrit et que cette exigence requiert l'emploi simultané des trois mécanismes.

L'identification rapide de mots nécessite leur mémorisation. Pour mémoriser un corpus de mots, les élèves ont besoin de les rencontrer fréquemment. Or, dans cet apprentissage, la difficulté pour eux est de passer d'une identification en contexte à la reconnaissance hors contexte. Ce constat, souvent repérable lors des découvertes de textes en début d'apprentissage, repose en partie sur la difficulté des élèves à conceptualiser la permanence de l'écrit. Comment un mot rencontré dans un certain contexte peut-il être le même dans un autre ? Pour pallier ce problème, il nous semble nécessaire de travailler sur l'image orthographique des mots, plutôt que sur leur silhouette. Cela implique de familiariser les élèves, non plus au repérage de l'image globale des mots mais à leur segmentation en lettres.

Cette approche alphabétique permettra en outre de donner du sens à l'apprentissage de la correspondance graphie/phonie indispensable pour déchiffrer les mots nouveaux. C'est d'abord par la comparaison de mots que les élèves vont entrer dans cette activité technique de décodage de l'écrit. À partir des analogies graphiques repérées, l'enseignant les conduira à établir progressivement les permanences phoniques et les lois qui gouvernent la relation oral/écrit. Ainsi au fil des découvertes de textes, donc de manière échelonnée et progressive, les élèves vont être amenés à davantage décortiquer les mots en utilisant des unités graphiques de plus en plus petites. Afin de compléter cet apprentissage, l'enseignant proposera, en parallèle, des activités de plus en plus systématiques d'analyse des phonèmes et des graphies qui leur correspondent. L'application de ces activités se fera tout autant en lecture qu'en production d'écrit.

Si la mémorisation des mots et le déchiffrage constituent les deux principaux mécanismes de lecture, il nous apparaît que l'anticipation de mots est tout aussi importante. Nous l'avons dit, la compréhension exige rapidité et précision. En situation de lecture, le contexte narratif, textuel et syntaxique crée un horizon d'attente lexical. Afin de privilégier le sens et la fluidité de la lecture, il s'agirait d'apprendre aux élèves à deviner certains mots. Cependant, faire utiliser cette anticipation indépendamment des deux autres mécanismes risquerait d'aboutir à une lecture-devinette, mutilante pour le travail de compréhension. Ainsi, pour éviter cet écueil, conviendrait-il d'apprendre aux élèves à tirer parti des précédents mécanismes pour valider leurs anticipations.

L'apprentissage de la lecture s'inscrit donc dans un ensemble d'approches. Leur conjonction semble indispensable pour révéler aux apprentis lecteurs ce que renferme l'acte de lire, c'est-à-dire l'art et la manière.

Mais qu'est-il possible de faire en grande section ? Au cours des deux premières années de l'école maternelle, les élèves se sont familiarisés avec la langue de l'écrit grâce à un adulte médiateur. En grande section, il conviendrait de renforcer leurs connaissances tout en les approfondissant par des rencontres de plus en plus régulières et réflexives avec le langage écrit. Cela suppose de recourir de façon plus systématique à l'écrit pour amener les élèves à interroger, analyser et comprendre les signes graphiques de la langue française. Le but n'est pas l'autonomie des élèves. L'objectif de la grande section est de faire en sorte qu'à l'entrée au C.P. le langage écrit ne soit pas nouveau, inexploré.

Notre ambition, au travers du projet que nous allons décrire, est sinon de faire acquérir les premières conduites de lecteur aux élèves, du moins de les sensibiliser aux dimensions culturelles, littéraires et techniques qui caractérisent la langue écrite.

PRÉSENTATION GÉNÉRALE DE LA DÉMARCHE

L'exploitation de l'album *Bon appétit ! Monsieur Lapin* de Claude Boujon, telle que nous l'envisageons, s'adresse-t-elle à une certaine catégorie d'élèves ? Le témoignage que nous faisons peut, selon nous, servir d'exemple aussi bien en zone rurale qu'en zone urbaine, auprès d'élèves issus des couches populaires ou de milieux sociaux plus favorisés. En ce domaine, il n'y a pas de déterminisme et encore moins de fatalisme scolaire. Seul le bon sens pédagogique peut permettre d'atteindre, quelle que soit la classe, les objectifs que l'on s'est fixés. L'enseignant adaptera donc la démarche au profil de ses élèves et à la période de mise en œuvre.

Pour notre part, *Bon appétit ! Monsieur Lapin* a été proposé à des enfants de 5/6 ans au cours de la période 3 de l'année scolaire.

Le projet est né de notre volonté d'exploiter un album emprunté à l'univers de Claude Boujon.

À PROPOS DE L'UNIVERS DE L'AUTEUR

Afin de mettre en œuvre l'approche culturelle de l'écrit, nous avons souhaité faire rencontrer aux élèves un auteur qui ne leur est pas tout à fait étranger. En effet, quel enfant n'a pas au moins une fois écouté une histoire ou feuilleté un album de Claude Boujon ici ou là, à la maison ou à l'école ? Or ces rencontres fortuites ne nous semblent pas suffisantes pour comprendre son univers. Sa singularité est telle qu'elle oblige de s'y attarder le temps d'un projet.

Mort en 1995, à l'âge de 65 ans, Claude Boujon a fait de l'imaginaire enfantin son terrain de jeux privilégié. Rédacteur en chef du très connu magazine *Pif Gadget*, puis auteur à l'école des loisirs, il tisse au fil du temps une proximité et une complicité authentiques avec les jeunes enfants. Il doit cette connivence à la diversité déroutante de sa production. Claude Boujon est à la fois conteur et frondeur avec le genre. Il produit en effet des fables qui répondent aux canons du genre et s'amuse aussi à subvertir les codes classiques. Les enfants ne sont pas insensibles aux libertés qu'il prend pour leur raconter des histoires qui ne sont en rien formatées.

Toutefois, si les récits de Claude Boujon sont à chaque fois nouveaux, le ton, lui, demeure le même. En effet, l'auteur semble avoir fait de l'humour son credo pour mieux parler aux enfants de choses sérieuses. Sans être moralisateur, il aborde pour eux des sujets modernes en les soumettant à leur réflexion. Là encore, les enfants ne restent pas insensibles à cette caractéristique. Elle est pour eux la preuve qu'il respecte leur intellect, leur sensibilité et leur bon sens.

À l'instar de Jean de La Fontaine, les personnages de Claude Boujon endossent toujours les défauts des hommes, voire ceux des enfants. Ce n'est en aucune manière de l'humour facile, de la moquerie démagogique, juste une porte ouverte sur l'aventure humaine qui attend ses jeunes lecteurs.

L'entrée dans l'univers de Claude Boujon ne peut être unique tant il est riche. Il apparaît donc difficile de définir une typologie exhaustive de ses albums. Pour simplifier leur présentation, nous retiendrons les trois catégories évoquées par François Quet dans *Lire-Écrire* (CRDP de Grenoble, mars 1998) :

Les albums qui ne parlent que d'un personnage, de sa vie, de ses rencontres :
– Troc
– Je mangerais bien une souris !
– Bon appétit ! Monsieur Lapin
– Bon appétit Monsieur Renard
– Un bon petit ogre
– La fée au long nez
– L'apprenti loup
– Pauvre Verdurette
– Verdurette cherche un abri
– Ah ! les bonnes soupes
– Toutou dit tout

Les albums qui racontent des histoires de couple :
– La brouille
– Une carotte peu ordinaire
– On a volé Jeannot Lapin
– Le crapaud perché

– Mangetout et Maigrelet
– Dents d'acier
– La chaise bleue
– Un beau livre

Les albums qui mettent en scène des groupes :
– Le lapin loucheur
– L'intrus
– Cousin Ratinet
– Musique

Parmi cette liste d'albums qui suivront les élèves tout au long du projet, nous avons sélectionné *Bon appétit ! Monsieur Lapin*. Il nous semble convenir à plus d'un titre aux apprentissages littéraires et techniques que nous voulons conduire en grande section.

En effet, la technique narrative employée par Claude Boujon permet d'illustrer un type de progression. *Bon appétit ! Monsieur Lapin* est construit sur le modèle des récits circulaires. L'état final du récit renvoie à la situation initiale. Entre ces deux moments, se succèdent dans le livre des rencontres qui offrent la possibilité de mesurer les intervalles de temps et d'espaces. Ainsi Monsieur Lapin, dégoûté par ses habituelles carottes, décide d'aller voir dans l'assiette de ses voisins dans l'espoir d'y trouver quelque chose de meilleur à se mettre sous la dent. Or le régime alimentaire du lapin n'est pas le même que celui des six autres animaux interrogés successivement. La rencontre avec le renard, animal carnassier et mangeur de lapin, donne un coup d'arrêt à la randonnée alimentaire du héros. Effrayé et mutilé, Monsieur Lapin rentre chez lui et prend conscience de son erreur en redécouvrant le bon goût des carottes.

La structure narrative est donc simple et facile à identifier. L'état initial qui présente le héros et son problème précède la dynamique d'actions, c'est-à-dire la quête d'aliments de substitution. Chaque rencontre avec les personnages se solde par un départ dégoûté du héros. L'entrée du renard dans le récit marque le dénouement. C'est en effet grâce à lui et à son attaque que paradoxalement la situation se restabilise. L'état final reprend de manière inversée la situation de départ.

Le dialogue entre la fiction et la réalité donne une tonalité originale au récit. Tout en déroulant la quête, l'histoire décrit et construit un monde animalier réel. Chaque rencontre est l'occasion de s'informer sur les préférences alimentaires du lapin, de la grenouille, de l'oiseau, du poisson, du cochon, de la baleine, du singe et enfin du renard. À la fois imaginaire dans la narration et informatif dans le contenu de la quête, *Bon appétit ! Monsieur Lapin* pourrait donc apparaître comme un récit documentaire.

Le héros appartient à une espèce animale dont il ne peut s'affranchir. Un lapin est un lapin ! Rien ne sert de courir pour changer, on est ce que l'on est, telle serait, par extrapolation, la morale de cette histoire. Un autre enjeu idéologique sous-jacent au texte reposerait sur la dimension relationnelle. Les relations « civilisées » qui se tissent dans les six premiers dialogues s'opposent à la sauvagerie du binôme lapin-renard.

À ces trois éléments d'analyse narrative, s'ajoute bien sûr la dimension linguistique qui constitue la forme du récit. Elle nous semble également répondre aux objectifs que nous nous fixons au cours du projet.

En tout premier lieu, l'album illustre l'art narratif de Claude Boujon par l'emploi d'une structure répétitive. Celle-ci permet de progresser pas à pas dans le récit et de construire les sens à lui donner. Elle représente aussi un intérêt pour éclairer les techniques de décodage que nous voulons mettre en place. En somme, le texte offre la possibilité d'unir l'art et la manière de lire.

Le texte révèle l'humour qui caractérise souvent les histoires de Claude Boujon. Plusieurs éléments permettent de le faire savourer aux enfants. Ils ne seront pas insensibles à la situation d'un lapin qui n'aime plus les carottes et qui décide d'aller voir dans l'assiette de ses voisins. Ils jugeront tout aussi comiques les expressions de dégoût employées par le héros comme leurs rires surgiront à la vue du lapin aux oreilles à moitié croquées.

Le rapport texte/images fonctionne sur le principe des redondances. L'organisation de l'album éclaire d'ailleurs ce lien puisque le texte, placé sur la page de gauche, se détache toujours de l'image de droite. Le lecteur a donc la liberté de choisir par où commencer sa lecture. Le texte retranscrit les dialogues entre les personnages et raconte ce qui se passe alors que les images servent de points d'appui visuels pour s'imaginer les scènes et les animaux. Texte et illustrations conduisent le lecteur à l'essentiel de son travail de compréhension en ne le ralentissant pas par des détails textuels ou iconiques à interpréter.

La singularité de l'univers de Claude Boujon et de *Bon appétit ! Monsieur Lapin* invite à son exploitation en classe dans le cadre d'une lecture littéraire et préparatoire à l'apprentissage des mécanismes de décodage. Quels objectifs peut-on poursuivre au cours de ce projet ? Quelles compétences peut-on faire acquérir ?

LES OBJECTIFS DU PROJET

Les buts à atteindre peuvent être regroupés en trois catégories. En effet, les objectifs du projet sont à la fois culturels, littéraires et techniques. Aucun n'est prioritaire par rapport aux autres. Au contraire, tous sont interdépendants. Il s'agirait d'amener les enfants à :

Des objectifs culturels :

- Connaître l'univers d'un auteur,
- Repérer le style graphique et textuel de l'auteur,
- Établir des liens entre les albums,
- Poursuivre la conceptualisation d'un type de livre et d'écrit.

Des objectifs littéraires :

- Comprendre l'enchaînement des pages en ayant conscience de la structure narrative choisie par l'auteur,
- Identifier les composantes du récit : les personnages, la quête et ses conséquences, le temps et les lieux,
- Identifier dans le texte et les illustrations les réseaux de sens qui caractérisent le récit,
- Comprendre les relations qu'entretiennent le texte et les illustrations,
- Apporter son vécu, sa sensibilité et son intelligence dans l'analyse du récit portée par le texte et les illustrations,
- Confronter sa lecture à celle des autres dans le cadre d'un débat interprétatif.

Des objectifs techniques :

- Explorer différents niveaux de lecture (compréhension fine),
- Décoder partiellement l'écrit par reconnaissance automatique de mots,

– Décoder partiellement l'écrit par un recours à la correspondance oral/écrit (syllabes et phonèmes),
– Décoder partiellement l'écrit par l'anticipation de mots.

On ne le répétera jamais assez, ces objectifs qui constituent l'ambition du projet ne peuvent être atteints en une seule fois. Il conviendra de les poursuivre au travers de nouveaux projets de lecture.

Les compétences visées

Les nouveaux programmes réaffirment la place de la grande section de maternelle dans le cycle des apprentissages fondamentaux. C'est donc au cours de cette année de transition que doivent s'enclencher les compétences de fin de cycle II. À ce titre, nous proposons de les mettre en œuvre par l'entremise de compétences intermédiaires données à chaque début de séance.

Le projet que nous allons développer va ainsi préparer les élèves à :

Domaine de la communication :
– Écouter autrui, demander des explications et accepter les orientations de la discussion induites par l'enseignant.
– Exposer son point de vue et ses réactions dans un dialogue ou un débat en restant dans les propos de l'échange.

Domaine du langage de l'évocation :
– Rapporter un événement, un récit, une information, une observation en se faisant clairement comprendre.
– En situation de dictée à l'adulte (d'un texte narratif ou explicatif), proposer des corrections pertinentes portant sur la cohérence du texte ou sur sa mise en mots (syntaxe, lexique).
– Dégager la signification d'une illustration rencontrée dans un album en justifiant son interprétation à l'aide des éléments présents dans l'image ou des situations qu'elle suggère.

Domaine de la compréhension :
– Comprendre les informations explicites d'un texte littéraire ou d'un texte documentaire appropriés à l'âge et à la culture des élèves.
– Dégager le thème d'un texte littéraire (de qui ou de quoi parle-t-il ?).

Domaine de la reconnaissance des mots :

– Déchiffrer un mot que l'on ne connaît pas.
– Identifier instantanément la plupart des mots courts (jusqu'à quatre ou cinq lettres) et les mots les plus fréquents.

Domaine de la production de textes :

– Écrire de manière autonome un texte d'au moins cinq lignes (narratif ou explicatif) répondant à des consignes claires, en gérant correctement les problèmes de syntaxe et de lexique.

Les objectifs et les compétences visés sont bien sûr en rapport avec le dispositif d'étude et le contenu des apprentissages suscités par la lecture des albums de Claude Boujon.

Le dispositif d'étude

La démarche adoptée mêle à la fois les dimensions culturelle, littéraire et technique. Pour cela, un découpage en sept séquences, correspondant à sept semaines d'activités, nous semble le plus approprié pour travailler progressivement l'art et la manière de lire.

Semaines	Approches littéraire et technique	Approche culturelle
Semaine 1 4 jours	Lecture du titre Exercices d'entraînement Lecture du texte 1 (pp. 4 à 7)	Lancement du projet « Rendez-vous littéraires » : 3
Semaine 2 4 jours	Exercices d'entraînement Lecture du texte 2 (pp. 8 et 9) Lecture du texte 3 (pp. 10 et 11)	« Rendez-vous littéraires » : 4
Semaine 3 4 jours	Exercices d'entraînement Lecture du texte 4 (pp. 12 et 13) Lecture du texte 5 (pp. 14 et 15)	« Rendez-vous littéraires » : 4
Semaine 4 4 jours	Exercices d'entraînement Production d'écrit collective Lecture du texte 6 (pp. 16 et 17) Production d'écrit individuelle Lecture du texte 7 (pp. 18 et 19)	« Rendez-vous littéraires » : 4

Semaines (suite)	**Approches littéraire et technique** (suite)	**Approche culturelle** (suite)
Semaine 5 4 jours	Exercices d'entraînement Lecture du texte 8 (pp. 20 à 23) Lecture du texte 9 (pp. 23 à 29)	«Rendez-vous littéraires»: 4
Semaine 6 4 jours	Exercices d'entraînement Comparaison de récits	«Rendez-vous littéraires»: 4
Semaine 7 4 jours		L'univers de l'auteur

Le dispositif nécessite une alternance de temps collectifs et individuels. On proposera en effet aux élèves des moments de réflexion commune afin de mettre en œuvre les approches culturelle et littéraire du projet. Il ne nous semble pas possible d'atteindre ces objectifs par des fiches d'exercices. Seuls les échanges verbaux permettront aux élèves de se construire de réelles compétences en matière de compréhension et d'interprétation. Nous détaillons sous la rubrique «Compréhension littéraire» ce qu'il conviendrait de faire dire aux élèves après la lecture de chaque texte. Leur réflexion sera bien sûr guidée par l'adulte.

En revanche, si le décodage des textes doit également passer par des phases collectives, les élèves pourront mettre en œuvre les compétences techniques individuellement par l'intermédiaire d'exercices d'entraînement. C'est la raison pour laquelle les enseignants distingueront dans la plaquette ce qui appartient aux domaines culturel et littéraire et ce qui relève des mécanismes. En d'autres termes, on ne se limitera pas à faire décoder le texte et à donner les fiches élèves, car ce serait dénaturer le projet.

Le contenu des apprentissages

Chacune des séances décrites proposera aux enseignants un déroulement possible qu'il conviendra d'adapter. Elles reflètent ce qui s'est effectivement passé dans notre classe, mais elles n'ont pas la vocation d'être la stricte façon de faire.

Au terme du projet, les élèves auront exploré un parcours au cours duquel nous les aurons aidés à se bâtir une culture commune par des rencontres avec l'œuvre d'un auteur. Chacun d'eux aura également vécu l'analyse narrative d'un récit par l'identification des personnages et de leurs relations, par le repérage de leurs actions et de leurs effets sur la progression, et enfin par la perception du temps et de l'espace. En emboîtant les épisodes successifs, les apprentis lecteurs pourront mesurer la chronologie et ainsi percevoir la trame narrative.

Parallèlement, les temps de réflexion dans le domaine de la linguistique seront l'occasion de sensibiliser les élèves à l'interprétation de phrases et de mots afin de leur faire dépasser le seuil de la compréhension globale. Ils se seront exercés à constituer des réseaux lexicaux, à évaluer l'impact des choix textuels de l'auteur pour commencer à identifier l'arrière-plan.

Grâce au décodage du texte, les élèves se seront familiarisés avec les mécanismes de lecture. Ils auront fréquenté un corpus de mots dont certains seront mémorisés. Nous avons en effet sélectionné quelques mots qui constitueront le répertoire de la classe. Cependant, nous n'attendons pas que tous les mots soient mémorisés par tous les élèves. Chacun exercera sa mémoire selon ses compétences et ses capacités.

Inscrit sur de grandes étiquettes en écriture scripte, le lexique fréquenté servira de référent pour les séances de décodage, pour les travaux de production d'écrit et enfin pour l'apprentissage de la correspondance phonie/graphie qui sera réalisé dans le cadre d'activités décrochées. Le corpus de mots peut être classé de la façon suivante :

Noms communs	**Adjectifs**	**Verbes**	**Mots outils**
appétit monsieur lapin carotte maison assiette voisin grenouille mouche oiseau vers	bon grande	aime quitte aller regarder mange manger demande répond fait dit c'est	les plus il sa dans ses de tu des pour moi

Noms communs (suite)	**Adjectifs** (suite)	**Verbes** (suite)	**Mots outils** (suite)
poisson larve cochon baleine plancton		pousse pousser crie croquer rentre	ne pas que ça mon

Cette classification sert de présentation. On ne la proposera donc pas telle quelle aux élèves. Ces mots nouveaux viendront enrichir le corpus déjà constitué avant le projet. Afin de les décontextualiser, nous encourageons les enseignants à faire manipuler les mots dans le cadre d'activités de production de phrases inventées.

Les outils de référence

Le projet permettra sinon de compléter des outils déjà existants, du moins de fabriquer la mémoire du travail accompli à la fois collectivement et individuellement. Pour notre part, ce sont :

1. Les témoins de la réflexion collective :

– La liste des albums de Claude Boujon rencontrés au cours du projet,
– Les textes décodés et reproduits sur des affiches grand format sur lesquelles demeureront les traces de la recherche collective,
– Les étiquettes mots accessibles des enfants.

2. Les témoins de la réflexion individuelle :

– Le cahier de littérature qui sera la mémoire personnelle du parcours culturel et littéraire de chaque élève. Cet outil se compose d'une copie des albums lus accompagnés d'un avis critique et d'informations sur les récits qui ont été écoutés ou lus.
– Le cahier d'écrits dans lequel sont collés les textes décodés et les mots du répertoire.
– Le cahier d'activités qui est le collecteur des travaux individuels.

Afin que notre témoignage puisse servir aux enseignants et à leurs élèves, nous proposons pour chacun des trois domaines du projet un matériel photocopiable qu'il conviendra d'adapter aux pratiques et aux classes. Les supports distribués aux élèves seront agrandis pour en faciliter l'exploitation individuelle.

SEMAINE 1
LANCEMENT DU PROJET
«Lire des albums de Claude Boujon»

COMPÉTENCES :

Dans le domaine culturel :

– Savoir ce qu'est un auteur,
– Prendre conscience de la diversité des productions d'un même auteur,
– Utiliser le vocabulaire de l'édition : titre, auteur, illustrateur, édition.

Dans le domaine littéraire :

– Évoquer des connaissances sur un récit,
– Donner un avis sur le récit,
– Anticiper le récit à partir des indices contenus sur la première de couverture.

Dans le domaine technique :

– Segmenter le titre en mots,
– Repérer les signes extralinguistiques,
– Identifier des mots connus,
– Faire des analogies graphiques et phoniques.

MATÉRIEL :

– L'album : *Bon appétit ! Monsieur Lapin,*
– Affiche sur laquelle le titre est reproduit,
– Les albums de Claude Boujon,
– Copie de la fiche biographique.

DÉROULEMENT :

Deux temps différés seront nécessaires pour lancer le projet. Les étapes 1 à 3, puis l'étape 4 pourront être réalisées le même jour. On réservera l'étape 5 pour les jours suivants.

1. Mise en projet de lecture :

– Présentation de l'album *Bon appétit ! Monsieur Lapin* aux élèves.
– Faire définir le type de livre (album) et le type de texte (histoire).
– Faire dissocier l'illustration et les informations écrites.

- Décrire l'illustration : un lapin assis est face à une assiette dans laquelle se trouve une carotte. Deux dents apparaissent sur une bouche en arc de cercle descendant.
- Faire anticiper le récit à partir des indices iconiques prélevés. Il s'agira donc de les interpréter dans le cadre d'une lecture analytique de l'image.
- Utiliser les désaccords, la variété des récits possibles pour faire formuler le besoin de lecture. Mettre les élèves en projet de lire l'histoire.
- Repérage des informations écrites : titre, auteur, collection.
- Faire expliquer la fonction de ces trois informations éditoriales, les compléter au besoin.

2. Décodage du titre :
- Afficher un poster sur lequel le titre est reproduit en écriture scripte. Les quatre mots sont écrits sur une ligne.
- Faire segmenter la chaîne écrite en mots. Nous encadrons chaque mot.
- Faire identifier le point d'exclamation, expliquer sa fonction dans la phrase.
- Faire identifier les majuscules, expliquer leurs fonctions. La première sert à indiquer le début de la phrase alors que les deux suivantes permettent de repérer le nom d'un personnage.
- Faire identifier les mots connus s'il y en a.
- Faire procéder à des analogies graphiques avec des mots du répertoire de la classe.
- Faire anticiper des mots en fonction de l'illustration, des signes extralinguistiques et des deux précédentes phases : Qui est le personnage ? Que peut-on lui dire ?
- Donner au besoin les mots qui n'auront pas été décodés. Pour notre part, le mot « Monsieur » a été donné.
- Relire le titre pour rétablir la cohérence sémantique.
- Faire relire le titre par un élève volontaire en lui faisant pointer successivement les mots prononcés.

3. Anticipations :
- À partir de la lecture d'image et du titre, faire anticiper une nouvelle fois le récit. Pour ce faire, les élèves devront réaliser des inférences entre ce qu'ils voient et ce qu'ils lisent.
- Utiliser leurs différentes versions pour justifier le recours à la lecture du texte.

4. Lancement du projet « Lire des albums de Claude Boujon » :

Afin d'enclencher la dimension culturelle, deux choix pédagogiques sont possibles. Ils dépendent en partie de la situation de l'école.

En effet, si l'école est distante d'une bibliothèque ou ne dispose pas d'une BCD suffisamment fournie en livres, l'enseignant apportera les albums de Claude Boujon. Dans ce cas, il fera nommer les lieux où il a emprunté ou acheté les livres. Après un temps de découverte, les élèves seront sollicités pour dire qu'il s'agit d'albums du même auteur. Son nom sera lu par l'enseignant, puis repéré par les élèves sur chaque album.

La deuxième option, plus longue que la précédente, consiste à faire chercher les albums de Claude Boujon par les élèves. Ils se rendront donc à la BCD de l'école ou dans une bibliothèque. Si tel est le choix, l'enseignant aura préalablement lu le nom de l'auteur au cours de l'étape 1. Pour faciliter la recherche, les élèves disposeront individuellement ou en groupe d'une étiquette sur laquelle Claude Boujon sera écrit. De retour en classe, un travail de vérification sera opéré par un repérage du nom de l'auteur sur chaque album.

Le fonds d'albums étant constitué, l'enseignant invitera ses élèves à connaître l'auteur. Il utilisera la fiche biographique donnée sur le site Internet de *l'école des loisirs*. La photographie permettra aux élèves de visualiser Claude Boujon alors que la lecture du texte leur donnera quelques informations sur sa vie. La fiche que nous reproduisons dans les pages suivantes pourra être reproduite en nombre et collée dans le cahier de littérature des élèves. Elle sera également affichée à un endroit de la classe le temps du projet.

Nous l'avons dit, Claude Boujon n'est pas un auteur méconnu des élèves. L'enseignant leur donnera l'occasion de dire parmi les albums ceux qu'ils connaissent. Les titres pourront être donnés sans validation par l'adulte. Les élèves feront éventuellement de brèves narrations sans les supports en utilisant leur mémoire. Ils seront également invités à donner un avis sur les histoires connues. Ce temps a pour objectif de préparer les « rendez-vous littéraires » qui auront lieu quotidiennement.

Le contenu et le déroulement du projet seront enfin expliqués. En effet, si les élèves savent qu'ils vont lire *Bon appétit ! Monsieur Lapin*, ils n'ont pas encore pris connaissance de ce qui va accompagner leur lecture. L'enseignant présentera donc le temps que nous appellerons « Rendez-vous littéraire ». Il s'agira d'un moment inscrit à l'emploi du temps au cours duquel les élèves découvriront individuellement ou en groupes un des albums de Claude Boujon. Ce rendez-vous quotidien leur permettra d'abord de prendre possession d'un album du fonds, de le feuilleter, de lire les illustrations, de prélever des indices écrits pour construire une histoire hypothétique. Si un album peut être emprunté plusieurs fois au cours du projet, chaque élève devra cependant gérer individuellement ses temps de lecture. Le but est qu'il se soit approprié seul toutes les histoires de l'auteur. Pour l'aider dans son parcours, la fiche 1 donnée en annexe pourra lui servir de mémoire. Au terme de chacun de ces moments, un ou des élèves seront invités à présenter l'album du jour. Celui-ci sera ensuite lu par l'enseignant. La lecture suscitera une analyse narrative et une critique littéraire. L'une et l'autre donneront lieu à un travail individuel à partir de la fiche 2 proposée dans les annexes.

Nous détaillerons une séance type relative à ce « rendez-vous littéraire » dans les pages suivantes. Les enseignants auront ainsi un exemple du comment faire pour organiser ce moment. Il semble également important de préciser que l'ordre de présentation des albums peut être aléatoire. Le choix de « l'album du jour » peut être fait par les élèves ou par l'enseignant. Toutefois, on réservera *Bon appétit Monsieur Renard* pour la fin du projet car le titre impose un travail de comparaison avec *Bon appétit ! Monsieur Lapin.*

5. Structuration du titre et exercices d'entraînement :

Au second jour du projet, l'enseignant préparera les élèves à mémoriser les mots du titre en contexte et hors contexte :

- Faire relire le titre en pointant les mots prononcés. Les élèves utiliseront le poster de la phase 2.
- Faire nommer les mots montrés dans le désordre.
- Faire montrer des mots prononcés.
- Nommer les mots écrits sur de grandes étiquettes. Elles seront ensuite affichées avec les autres mots du répertoire de la classe.

Deux exercices d'entraînement permettront ensuite aux élèves de travailler individuellement des compétences de décodage. Ces exercices seront réalisés dans le cadre d'ateliers tournants.

Exercice 1 : entraînement individuel sur la segmentation de la chaîne écrite en mots.

Exercice 2 : entraînement individuel sur la mémorisation des mots en contexte.

BIOGRAPHIE SUCCINCTE DE CLAUDE BOUJON UTILE POUR L'ÉTAPE 4 ET À REPRODUIRE ÉVENTUELLEMENT POUR LE CAHIER DE LITTÉRATURE DES ÉLÈVES

Claude Boujon est né en 1930 à Paris. Jusqu'en 1972, il fut rédacteur en chef d'une maison d'édition spécialisée dans la presse enfantine. Par la suite, il se consacra entièrement à la création artistique, peinture, sculpture, mais aussi affiches, scénographies, marionnettes. Les livres qu'il a écrits et illustrés pour les enfants sont le prolongement naturel de son travail de plasticien et de son expérience du jeune public. Fabuliste exceptionnel, il nous a laissé une œuvre pleine d'humanité et de tendresse. Claude Boujon est mort en septembre 1995.

EXERCICE D'ENTRAÎNEMENT 1

Séparer les mots du titre en les coloriant d'une couleur différente et écris le titre :

Bonappétit ! MonsieurLapin

EXERCICE D'ENTRAÎNEMENT 2

Découpe les étiquettes et colle-les dans l'ordre du titre :

Claude Boujon

lutin poche de l'école des loisirs

Lapin	**appétit**	**Monsieur**	**!**	**Bon**

SEMAINE 1
«RENDEZ-VOUS LITTÉRAIRE»: SÉANCE TYPE

COMPÉTENCES :

- Prélever des indices sur les illustrations,
- Établir des relations entre ces indices,
- Prélever des indices écrits,
- Identifier les personnages du récit,
- Identifier les lieux,
- Proposer une interprétation d'ensemble à partir de la prise d'indices: quête, problème…
- Relater les étapes essentielles d'un récit en respectant l'ordre chronologique donné par les illustrations,
- Relater en respectant les caractéristiques de la narration,
- Écouter un récit lu,
- Répondre à des questions simples,
- Donner un avis simple sur le récit,
- Justifier ses choix.

MATÉRIEL :

- Les albums de Claude Boujon,
- La copie de la fiche 1 en annexe pour chaque enfant,
- La copie de la fiche 2 en annexe correspondant à l'album du jour pour chaque élève.

DÉROULEMENT :

À un moment de la journée, les élèves et/ou l'enseignant seront convenus de l'album de Claude Boujon à mettre à l'honneur durant le «rendez-vous littéraire».

1. Appropriation de l'univers de Claude Boujon :

- Rassembler les élèves autour de la caisse d'albums de Claude Boujon.
- Demander aux élèves de choisir un des albums qu'ils ont envie de (re)découvrir. Ce choix peut être fait individuellement, par deux ou trois.
- Prévenir ceux qui auront pris l'album du jour qu'ils devront le présenter aux autres à la fin du temps imparti.

– Laisser les élèves s'isoler, se regrouper dans la classe. Ils doivent feuilleter leur album pour en comprendre l'histoire.
– Après un temps de 15 minutes environ, demander aux élèves de prendre leur cahier de littérature. Ils devront inscrire la date au-dessous de la première de couverture de l'album découvert pendant ce temps.

2. Présentation de l'album du jour :
– Les élèves sont regroupés face à l'élève ou aux élèves devant faire une présentation de l'album.
– Laisser faire la présentation. Lors des premières séances, l'enseignant et les élèves définiront ensemble des paramètres de réussite. Ces critères porteront sur l'évocation des personnages, de leurs actions et de l'ordre chronologique du récit. Les illustrations seront montrées au fur et à mesure de la narration. Les élèves auditeurs doivent écouter et se garder de toutes réactions.
– Faire intervenir les élèves au terme de la narration pour faire émerger les désaccords d'interprétation.

3. Lecture et analyse de l'album :
– L'enseignant propose de lire le texte pour résoudre les points de divergences. Il lit le texte tout en montrant les illustrations.
– Faire opérer un travail de comparaison entre le récit hypothétique présenté précédemment et l'histoire originelle.
– Faire évoquer les personnages présents dans l'histoire, leurs actions, la quête du héros ou son problème, le rôle de chacun des protagonistes et enfin la chronologie.
– Faire établir des liens de ressemblances avec d'autres histoires de Claude Boujon déjà lues.
– Faire émettre des avis personnels. Les élèves doivent être amenés à comprendre qu'ils ont le droit d'aimer, de ne pas aimer, de préférer une histoire. Cependant, tout avis émis devra être justifié. Lors des premières séances, on listera avec les élèves ce qui dans une histoire peut plaire ou déplaire. Ces critères s'affineront au fil du temps. En guise d'exemple, nous donnons ceux les plus couramment retenus par nos élèves :
  – Les personnages,
  – La situation du personnage principal : sa quête, son problème,
  – Les actions des personnages,

- Les illustrations : les dessins, les couleurs,
- Les expressions, les comparaisons,
- Le thème.

– Demander aux enfants de compléter la fiche 2 donnée en annexe correspondant à l'album du jour. Elle aura été bien sûr présentée aux élèves.

SEMAINE 1
LECTURE DU TEXTE 1

COMPÉTENCES :

Dans le domaine technique :
- Identifier les phrases d'un texte,
- Repérer les signes extralinguistiques : majuscules, points,
- Segmenter la chaîne écrite en mots,
- Identifier des mots connus,
- Décoder des mots nouveaux.

Dans le domaine littéraire :
- Prélever des indices iconiques et les interpréter,
- Mettre en relation les illustrations et le texte,
- Identifier le personnage quels que soient les procédés utilisés,
- Identifier le contenu de la situation initiale.

Dans le domaine culturel :
- Les compétences données dans la séance type du « rendez-vous littéraire »,

MATÉRIEL :
- L'album *Bon appétit ! Monsieur Lapin*,
- Affiche sur laquelle le texte suivant est écrit en script :

> Monsieur Lapin n'aime plus les carottes. Il quitte sa maison pour aller voir dans l'assiette de ses voisins.

- Copie des exercices d'entraînement à proposer en semaine 2 dans des ateliers tournants (pp. 36 à 41),
- La caisse des albums de Claude Boujon.

DÉROULEMENT :

1. Remise en contexte :
- Faire reformuler le projet de lecture d'albums de Claude Boujon,
- Faire relire le titre,
- Faire reconnaître les mots du titre,

– Faire redire la nécessité de lire le texte pour connaître l'histoire de Monsieur Lapin,
– Montrer la page de titre pour faire identifier la reprise du titre et celle du nom de l'auteur.

2. Émission d'hypothèses :
– Montrer l'une après l'autre les deux premières illustrations,
– Faire interpréter pour chacune d'elles les indices iconiques prélevés,
– Faire réaliser des inférences entre les deux illustrations,
– Faire repérer la composition éditoriale : le texte est à droite et l'illustration à gauche. L'un et l'autre sont encadrés d'un trait noir.

3. Décodage du texte :
– Afficher le texte.
– Laisser un temps d'observation pour que les élèves prélèvent seuls des indices écrits.
– Faire dire ce qui est compris à partir de la prise d'indices.
– Entamer le décodage du texte par l'identification des phrases. Elles seront repérées par les majuscules et les points.
– Faire repérer leur inégale longueur par comptage des mots composant chacune d'elles.
– Faire identifier les mots connus.
– Faire comparer les mots nouveaux avec des mots connus,
– Faire utiliser les connaissances en matière de correspondance oral/écrit pour décortiquer tout ou partie des mots nouveaux,
– Faire une lecture fragmentée pour que les élèves anticipent des mots nouveaux. Ils seront validés par recours au contexte (texte et illustrations), puis par comparaison avec les mots proposés que l'adulte écrira sous la dictée.
– Donner les mots qui n'auront pas été décodés.
– Relire le texte pour rétablir la cohérence sémantique.
– Faire relire le texte par pointage des mots.

4. Compréhension littéraire :
Les élèves vont être invités à dire ce qu'ils comprennent de l'état initial du récit. En effet, l'enseignant s'efforcera de faire dire que les deux premières doubles pages constituent le début de l'histoire.

Le texte et les illustrations sont redondants. Sur la première image, la bouche en arc de cercle descendant indique que le héros, assis devant une carotte, exprime un air de dégoût. On orientera la discussion sur l'emploi du mot « plus ». Les élèves évoqueront le temps antérieur à la scène. Monsieur Lapin aimait les carottes. Quoi de plus normal ! Aussi quelles peuvent être les raisons qui le poussent à ne plus aimer ce légume ? Des interprétations seront émises.

La seconde double page relate en mots et en image la conséquence de ce subit dégoût. Monsieur Lapin, identifiable par le pronom « il », décide de partir de chez lui pour rendre visite à ses voisins ? Pourquoi ? Qu'espère-t-il obtenir en regardant « dans l'assiette de ses voisins » ? Qui peuvent-ils être ? L'enseignant fera anticiper la suite du récit.

Il s'attachera également à faire justifier aux élèves le choix narratif de l'auteur en ce début d'histoire. Claude Boujon présente en effet le problème duquel va découler une quête.

5. « Rendez-vous littéraire » :

Il se déroulera à un autre moment de la journée selon le protocole présenté dans la séance type.

6. Structuration et entraînement :

Les jours suivants, l'enseignant structurera les découvertes des élèves par des activités de relecture du texte, par un repérage des mots en contexte et une mémorisation du corpus à partir d'étiquettes grand format.

Les exercices d'entraînement seront proposés aux élèves dans des ateliers tournants au cours de la semaine 2.

Exercice 1 : Entraînement individuel à la production d'écrit,
Exercice 2 : Entraînement individuel à la reconnaissance de mots,
Exercice 3 : Entraînement individuel à la mémorisation de mots,
Exercice 4 : Entraînement individuel à la mémorisation de mots.

EXERCICE D'ENTRAÎNEMENT 1

Imagine les voisins de Monsieur Lapin, dessine-les dans l'ordre et écris leurs noms comme tu penses qu'ils s'écrivent :

EXERCICE D'ENTRAÎNEMENT 2

Entoure les mots vedettes chaque fois que tu les vois :

lapin

lapine lapereau

lapis lapon lapin

pin lapin requin

sapin malin latin

carotte

carpette carrosse

carotter carotte

carottage calotte

marotte carotte

maison

mais maisonnée

maillon rayon

maison saison

raison maison

assiette

assette assiette

assiettée assiégé

assiste alouette

assiette assigne

EXERCICE D'ENTRAÎNEMENT 3

Écris les mots suivants au bon endroit :

LAPIN
CAROTTE
MAISON
ASSIETTE

EXERCICE D'ENTRAÎNEMENT 4

Découpe les étiquettes et colle les groupes de mots dans le bon ordre sous la bonne illustration :

dans l'assiette	Il quitte	les carottes.
n'aime plus	sa maison	

de ses voisins.

Monsieur Lapin

pour aller regarder

SEMAINE 2
LECTURE DU TEXTE 2

COMPÉTENCES :

Dans le domaine technique :

– Repérer les signes extralinguistiques : majuscules, points, point d'interrogation, point d'exclamation, guillemets,
– Identifier des mots connus,
– Décoder des mots nouveaux.

Dans le domaine littéraire :

– Prélever des indices iconiques et les interpréter,
– Mettre en relation l'illustration et le texte,
– Identifier les personnages quels que soient les procédés utilisés,
– Identifier la structure du dialogue,
– Identifier le discours direct.

Dans le domaine culturel :

– Les compétences données dans la séance type du « Rendez-vous littéraire ».

MATÉRIEL :

– L'album *Bon appétit ! Monsieur Lapin*,
– Affiche sur laquelle le texte suivant est écrit en script :

> « Que manges-tu ? » demande-t-il à la grenouille.
> « Je mange des mouches », répond-elle.
> « Pouah ! » fait Monsieur Lapin.

– Copie des exercices d'entraînement à proposer en semaine 3 dans des ateliers tournants (pp. 49 à 54),
– La caisse des albums de Claude Boujon.

DÉROULEMENT :

1. Remise en contexte :

– Faire reformuler le projet de lecture d'albums de Claude Boujon.
– Donner l'album à un élève volontaire pour qu'il relise le titre et le début de

l'histoire devant ses camarades. Il adoptera la posture d'une lecture à haute voix pour d'autres.
– Faire anticiper la suite du récit.

2. Émission d'hypothèses :
– Montrer l'illustration,
– Faire repérer la même composition éditoriale : texte à gauche, illustration à droite, tous deux encadrés d'un trait noir.
– Faire prélever les indices iconiques et les faire interpréter. Une grenouille est assise sur la feuille d'un nénuphar. Ce personnage est selon toute vraisemblance le premier voisin que va voir Monsieur Lapin. Il n'est pas visible sur l'illustration. Une ligne courbe semble sortir de la bouche de la grenouille. Elle oriente le regard vers un animal qui vole. Les élèves tenteront de l'identifier. S'agit-il de la langue de la grenouille ? Ou bien un signe graphique soulignant le vol de l'animal ? Toujours est-il que certains relieront cet indice à ce que peut manger le batracien. Ils évoqueront donc des insectes : une mouche, un moustique, un papillon... D'autres, par l'effet de perspective, identifieront plutôt un oiseau.
– Utiliser les points de divergence pour motiver le décodage du texte.

3. Découverte du texte :
– Afficher le texte.
– Laisser un temps d'observation pour que les élèves prélèvent seuls des indices écrits,
– Faire dire ce qui est compris à partir de la prise d'indices.
– Entamer le décodage du texte par l'identification des signes extralinguistiques : les majuscules, les points, les points d'exclamation et d'interrogation, les guillemets. Leur fonction et leur incidence sur l'anticipation seront révélées. En effet, les guillemets qui encadrent les paroles des personnages indiquent une discussion. La lecture du texte doit donc vraisemblablement révéler que le lapin et la grenouille se parlent. Le point d'interrogation suggère quant à lui qu'un des deux pose une question à l'autre. Monsieur Lapin doit être le questionneur si l'on se réfère au premier texte. Le point d'exclamation renforce le discours direct.
– Faire identifier les mots connus.
– Faire comparer les mots nouveaux avec des mots connus.

– Faire utiliser les connaissances en matière de correspondance oral/écrit pour décortiquer tout ou partie des mots nouveaux.
– Faire une lecture fragmentée pour que les élèves anticipent des mots nouveaux. Ils seront validés par un recours au contexte (texte et illustration), puis par une comparaison avec les mots proposés que l'adulte écrira sous la dictée.
– Donner les mots qui n'auront pas été décodés (vraisemblablement « Pouah ! »).
– Relire le texte pour rétablir la cohérence sémantique.
– Faire relire le texte par pointage des mots.

4. Compréhension littéraire :

Les élèves ont la confirmation que la grenouille est le premier voisin visité par Monsieur Lapin. Celui-ci s'informe de ce que mange cet animal. La réponse donnée permet d'identifier précisément la mouche sur l'illustration.

Le « pouah » indique le dégoût. Monsieur Lapin ne goûtera donc pas au repas de sa voisine. Il va sûrement poursuivre sa quête en allant voir un autre animal.

L'enseignant commencera à faire repérer la construction textuelle. Il fera différencier paroles et récit. Pour ce faire, il pourra demander à deux élèves de jouer la scène. Le discours direct sera localisé dans le texte. Les élèves analyseront ensuite le contenu du dialogue pour en préciser la structure. En effet, celle-ci repose sur la succession d'une question, d'une réponse, de l'émission d'un dégoût. Les autres éléments textuels seront explicités lors des lectures suivantes.

Les procédés de désignation des personnages seront enfin analysés. L'enseignant demandera aux élèves de nommer les personnages désignés par les pronoms personnels : « je », « tu », « il », « elle ».

Pour clore cette phase de compréhension, les élèves émettront une nouvelle série d'hypothèses sur la suite du récit. Le « pouah ! » de Monsieur Lapin suggère qu'il va aller voir un autre de ses voisins. Qui est-il ? Que mange-t-il ? Comment va réagir le héros ?

5. Rendez-vous littéraire :

Il se déroulera à un autre moment de la journée selon le protocole donné dans la séance type.

SEMAINE 2
LECTURE DU TEXTE 3

COMPÉTENCES :

Dans le domaine technique :

– Repérer les signes extralinguistiques : majuscules, points, point d'interrogation, point d'exclamation, guillemets,
– Identifier des mots connus,
– Décoder des mots nouveaux.

Dans le domaine littéraire :

– Prélever des indices iconiques et les interpréter,
– Mettre en relation l'illustration et le texte,
– Identifier les personnages quels que soient les procédés utilisés,
– Identifier la structure du dialogue,
– Distinguer le discours direct et le discours indirect.

Dans le domaine culturel :

– Les compétences données dans la séance type du « Rendez-vous littéraire ».

MATÉRIEL :

– L'album *Bon appétit ! Monsieur Lapin*,
– Affiche sur laquelle le texte suivant est écrit en script :

> « Que manges-tu ? » demande-t-il à l'oiseau.
> « Je mange des vers », répond l'oiseau.
> « Beurk ! » fait Monsieur Lapin.

– Copie des exercices d'entraînement à proposer en semaine 3 dans des ateliers tournants (pp. 49 à 54),
– Poster du texte 2 utilisé dans la séance précédente,
– La caisse des albums de Claude Boujon.

DÉROULEMENT :

1. Remise en contexte :

– Faire reformuler le projet de lecture d'albums de Claude Boujon.

– Donner l'album à un élève volontaire pour qu'il relise devant ses camarades le titre et l'histoire découverte jusque-là. Il adoptera la posture d'une lecture à haute voix pour d'autres.

2. Relecture et structuration du texte 2 :

– Afficher le poster sur lequel les élèves ont travaillé lors de la séance précédente.
– Demander à un élève volontaire de relire le texte tout en pointant les mots.
– Procéder à une reconnaissance des mots en contexte : montrer des mots dans le désordre puis les faire nommer, lire des mots et les faire montrer.

3. Émission d'hypothèses :

– Montrer l'illustration du texte 3,
– Faire repérer la même composition éditoriale : texte à gauche, illustration à droite, tous deux encadrés d'un trait noir.
– Faire prélever les indices iconiques et les faire interpréter. Un oiseau sur une branche tient dans son bec un ver de terre. Il est le deuxième voisin visité par Monsieur Lapin. Selon toute vraisemblance, le héros ne va pas non plus apprécier ce repas.
– Proposer de lire le texte correspondant à cette illustration pour être sûr de ce nouveau dégoût.

4. Découverte du texte :

– Afficher le texte.
– Laisser un temps d'observation pour que les élèves prélèvent seuls des indices écrits et s'aperçoivent de la répétition.
– Faire dire ce qui est compris à partir de la prise d'indices.
– Entamer le décodage du texte par l'identification des signes extralinguistiques : les majuscules, les points, les points d'exclamation et d'interrogation, les guillemets. Leur fonction et leur incidence sur l'anticipation sont redonnées. Le dialogue entre l'oiseau et Monsieur Lapin est retranscrit. La superstructure laisse entrevoir que la composition du texte est la même que précédemment.
– Faire identifier les mots connus.
– Encadrer les mots nouveaux : *l'oiseau, vers, beurk.*
– Faire une lecture fragmentée pour que les élèves anticipent des mots nou-

veaux. Ils seront validés par un recours au contexte (texte et illustration), par une comparaison avec des mots connus, par les connaissances des élèves en matière de correspondance oral/écrit puis en dernier lieu par une comparaison avec les mots proposés que l'adulte écrira sous la dictée. Il est à noter que les élèves auront tendance à vouloir lire «ver de terre» à la place du mot «ver». Cette erreur normale permettra de travailler la correspondance entre la chaîne orale et la chaîne écrite. La quantité de mots n'étant pas la même, les élèves ne peuvent dire et lire «Je mange des vers de terre».

– Relire le texte pour rétablir la cohérence sémantique.
– Faire relire le texte par pointage des mots.

5. Compréhension littéraire:

L'oiseau est bel et bien le deuxième voisin interpellé par Monsieur Lapin. Au menu, des vers! Or les lombrics ne font pas partie des préférences alimentaires des lapins, d'où le «beurk» du héros. Une fois encore, sa quête n'aboutit pas.

L'enseignant et ses élèves poursuivront l'analyse textuelle débutée lors de la lecture précédente. Ils repéreront à nouveau le discours direct dans le texte pour ensuite jouer le dialogue entre l'oiseau et le lapin. Ils identifieront ce qui n'est pas encadré par les guillemets et qui n'appartient pas au discours direct. Qui parle? À quoi servent ces informations? Claude Boujon accompagne les dialogues de précisions visant à identifier l'émetteur, le destinataire et le sens de chaque prise de parole. Ainsi les élèves renverront le verbe «demande» au point d'interrogation et à la question posée par Monsieur Lapin. Le verbe «répond» fait écho à la demande alors que le verbe «fait» complète l'onomatopée produite par le lapin.

L'identification des personnages dans le texte se fera par une recherche des procédés de désignation. Le nom des deux personnages et les pronoms personnels seront évoqués par les élèves.

«Beurk» entraîne une activité d'anticipation. Monsieur Lapin va rendre visite à un autre voisin puisqu'il ne mangera pas les vers de l'oiseau. Quel peut être ce nouveau personnage? Que va-t-il offrir au héros? Quelle sera sa réaction?

6. Rendez-vous littéraire:

Il se déroulera à un autre moment de la journée selon le protocole donné dans la séance type.

7. Exercices d'entraînement :

Les exercices d'entraînement portent sur les textes 2 et 3. Ils seront donnés dans le cadre d'ateliers tournants au cours de la semaine 3.

Exercice 1 : entraînement individuel à la production d'écrit.

Exercice 2 : entraînement individuel à la lecture compréhension.

Exercice 3 : entraînement individuel à la mémorisation de mots.

Exercice 4 : entraînement individuel à l'identification des signes extralinguistiques.

Exercice 5 : entraînement individuel à la mémorisation de mots.

EXERCICE D'ENTRAÎNEMENT 1

Dessine le troisième voisin de Monsieur Lapin, puis écris une phrase pour dire ce qu'il mange :

EXERCICE D'ENTRAÎNEMENT 2

Découpe les étiquettes et colle-les dans les bonnes bulles pour indiquer qui parle :

Je mange des mouches.

Que manges-tu ?

Beurk !

Pouah !

Je mange des vers.

EXERCICE D'ENTRAÎNEMENT 3

Découpe les étiquettes et colle-les au bon endroit dans les phrases pour les compléter :

« Que manges-tu ? » ....-t-il à la grenouille.

« Je .... des vers » .... l'oiseau.

« Pouah ! » .... Monsieur Lapin.

---

fait	demande	mange	répond

EXERCICE D'ENTRAÎNEMENT 4

Colorie dans le texte : le point en bleu
le point d'interrogation en vert
le point d'exclamation en jaune
les guillemets en rouge

La voix moqueuse de son cousin Nicotin le tira de ses pensées.
« Hé, là-haut ! Tu peux me dire depuis quand les lapins montent aux arbres ? »

(extrait de *Une carotte peu ordinaire*, Claude Boujon)

EXERCICE D'ENTRAÎNEMENT 5

Cherche dans les textes et écris les mots représentés par un dessin :

SEMAINE 3
LECTURE DU TEXTE 4

COMPÉTENCES :

Dans le domaine technique :

– Repérer les signes extralinguistiques : majuscules, points, point d'interrogation, guillemets,
– Identifier des mots connus,
– Décoder des mots nouveaux.

Dans le domaine littéraire :

– Prélever des indices iconiques et les interpréter,
– Mettre en relation l'illustration et le texte,
– Identifier les personnages quels que soient les procédés utilisés,
– Identifier la structure du texte,
– Distinguer le discours direct et le discours indirect.

Dans le domaine culturel :

– Les compétences données dans la séance type du « Rendez-vous littéraire ».

MATÉRIEL :

– L'album *Bon appétit ! Monsieur Lapin*,
– Affiche sur laquelle le texte suivant est écrit en script :

> « Que manges-tu ? » demande-t-il au poisson.
> « Je mange des larves », répond le poisson.
> « Très peu pour moi ! » dit Monsieur Lapin.

– Étiquettes mots en grand format : grenouille, mouche, oiseau, vers, mange, *je*, *tu*, *il*, *elle*, *des*, *à*, *la*,
– La caisse des albums de Claude Boujon.

DÉROULEMENT :

1. Remise en contexte :

– Faire reformuler le projet de lecture d'albums de Claude Boujon.
– Donner l'album à un élève volontaire pour qu'il relise devant ses camarades

le titre et l'histoire découverte jusque-là. Il adoptera la posture d'une lecture à haute voix pour d'autres.

2. Relecture et structuration du texte 3, mémorisation de mots:

– Afficher le poster sur lequel les élèves ont travaillé lors de la séance précédente.
– Demander à un élève volontaire de relire le texte tout en pointant les mots.
– Procéder à une reconnaissance des mots en contexte: montrer des mots dans le désordre puis les faire nommer, lire des mots et les faire montrer.
– Procéder à la reconnaissance des mots isolés du contexte: montrer les étiquettes une à une pour faire nommer les mots.
– Dicter des phrases aux élèves pour les leur faire reconstituer avec le corpus de mots connus:
  – Elle mange des vers.
  – Il mange la grenouille.
  – Je mange l'oiseau.
  – L'oiseau mange des mouches.

3. Émission d'hypothèses:

– Montrer l'illustration du texte 4.
– Faire repérer la même composition éditoriale: texte à gauche, illustration à droite, tous deux encadrés d'un trait noir.
– Faire prélever les indices iconiques et les faire interpréter. Le poisson aux écailles psychédéliques est le troisième voisin visité par Monsieur Lapin. Les ronds colorés font écho à sa forme ronde. Bouche ouverte, d'où s'échappent quelques bulles, le poisson laisse entrevoir des dents pointues. Ce détail troublant va laisser supposer à certains élèves qu'il s'agit d'un poisson carnassier, apparenté aux piranhas, et qu'il représente un danger pour Monsieur Lapin. D'autres n'y verront rien d'extraordinaire. Ils mettront cet indice en relation avec les plantes aquatiques qui apparaissent au bas de l'illustration. En effet, le poisson a selon eux besoin de dents pour découper et manger ces végétaux. Toujours est-il que ce nouveau personnage est présenté dans son milieu naturel, c'est-à-dire l'eau. La couleur verte, les bulles qui montent à la surface, le petit bandeau de ciel bleu et l'ondulation des feuillages le suggèrent.
– Proposer de lire le texte correspondant à cette illustration pour être sûr de ce nouveau dégoût.

4. Décodage du texte :

– Afficher le texte.
– Laisser un temps d'observation pour que les élèves prélèvent seuls des indices écrits et s'aperçoivent de la répétition.
– Faire dire ce qui est compris à partir de la prise d'indices.
– Entamer le décodage du texte par l'identification des signes extralinguistiques : les majuscules, les points, le point d'interrogation, les guillemets. Leur fonction et leur incidence sur l'anticipation sont redonnées. Le dialogue entre le poisson et Monsieur Lapin est retranscrit. La superstructure laisse entrevoir que la composition du texte est la même que précédemment. Le dégoût est plus long que dans les textes précédents.
– Faire identifier les morceaux de phrases connues.
– Encadrer les mots nouveaux : *larves*, *poisson*, *très*, *peu*, *moi*, *dit*.
– Faire une lecture fragmentée pour que les élèves anticipent des mots nouveaux. Ils seront validés par un recours au contexte (texte et illustration), par une comparaison avec des mots connus, par les connaissances des élèves en matière de correspondance oral/écrit puis en dernier lieu par une comparaison avec les mots proposés que l'adulte écrira sous la dictée. Il faut s'attendre à ce que le décodage de « Très peu pour moi » soit plus long. S'il est trop fastidieux, l'enseignant pourra donner le premier mot pour faire anticiper les autres.
– Relire le texte pour rétablir la cohérence sémantique.
– Faire relire le texte par pointage des mots.

5. Compréhension littéraire :

Contrairement aux attentes de certains élèves, le poisson n'est pas un mangeur de lapin. Son repas se compose de larves. Il utilise donc ses dents pour se nourrir des autres animaux aquatiques en développement. Quoi de plus naturel pour un poisson qui ne peut vivre hors de l'eau ! Le texte n'évoque pas non plus les végétaux visibles sur l'illustration et peut-être évoqués par d'autres élèves. Ce détail graphique est un simple élément de décor.

Une fois de plus, Monsieur Lapin ne se satisfait pas de cet aliment. Comment le pourrait-il alors qu'il ne vit pas dans l'eau ?

Si la structure textuelle reste inchangée comme l'ont sûrement remarqué les élèves, l'expression du dégoût a doublement changé. L'habituelle onomatopée est remplacée par une formule parlée qui traduit un refus. Le changement apparaît aussi avec l'utilisation du verbe « dit ». L'enseignant s'efforcera de faire exprimer aux élèves la différence entre « fait » et « dit ». Elle tient à l'énonciation du héros. Dans les deux premiers dialogues, Monsieur Lapin émet un bruit, d'où le verbe « faire » employé par l'auteur. En revanche, il refuse l'aliment du poisson en parlant, c'est-à-dire en prononçant une succession logique de mots.

La différence entre le discours direct et le discours indirect sera à nouveau repérée dans le texte. Un nouveau jeu théâtral permettra de révéler la nuance entre l'un et l'autre. Pour ce faire, l'enseignant choisira trois élèves volontaires. Deux d'entre eux joueront les personnages. Le troisième prendra la place du narrateur.

Les élèves identifieront les procédés de désignation des personnages avant de formuler une nouvelle série d'hypothèses sur la suite du récit.

6. Rendez-vous littéraire :
Il se déroulera à un autre moment de la journée selon le protocole donné dans la séance type.

SEMAINE 3
LECTURE DU TEXTE 5

COMPÉTENCES :

Dans le domaine technique :

– Repérer les signes extralinguistiques : majuscules, points, point d'interrogation, guillemets,
– Identifier des mots connus,
– Décoder des mots nouveaux.

Dans le domaine littéraire :

– Prélever des indices iconiques et les interpréter,
– Mettre en relation l'illustration et le texte,
– Identifier les personnages quels que soient les procédés utilisés,
– Identifier la structure du texte,
– Distinguer le discours direct et le discours indirect.

Dans le domaine culturel :

– Les compétences données dans la séance type du « Rendez-vous littéraire ».

MATÉRIEL :

– L'album *Bon appétit ! Monsieur Lapin*,
– Affiche sur laquelle le texte suivant est écrit en script :

> « Que manges-tu ? » demande-t-il au cochon.
> « Je mange n'importe quoi », répond le cochon.
> « Eh bien, pas moi ! » dit Monsieur Lapin.

– Étiquettes mots en grand format : *grenouille*, *mouches*, *oiseau*, *vers*, *poisson*, *larves*, *mange*, *je*, *tu*, *il*, *elle*, *des*, *à*, *la*, *demande*, *répond*, *dit*, *fait*,
– La caisse des albums de Claude Boujon.

DÉROULEMENT :

1. Remise en contexte :

– Faire reformuler le projet de lecture d'albums de Claude Boujon.
– Donner l'album à un élève volontaire pour qu'il relise devant ses camarades le titre et l'histoire découverte jusque-là. Il adoptera la posture d'une lecture à haute voix pour d'autres.

2. Relecture et structuration du texte 3, mémorisation de mots :

– Afficher le poster sur lequel les élèves ont travaillé lors de la séance précédente.
– Demander à un élève volontaire de relire le texte tout en pointant les mots.
– Procéder à une reconnaissance des mots en contexte : montrer des mots dans le désordre puis les faire nommer, lire des mots et les faire montrer.
– Procéder à la reconnaissance des mots isolés du contexte : montrer les étiquettes une à une pour faire nommer les mots.
– Dicter des phrases aux élèves pour les leur faire reconstituer avec le corpus de mots connus :
  – Elle demande à l'oiseau.
  – Il dit au poisson.
  – L'oiseau mange le poisson.
  – Le poisson mange les mouches.
  – La grenouille mange les larves.

3. Émission d'hypothèses :

– Montrer l'illustration du texte 5.
– Faire repérer la même composition éditoriale : texte à gauche, illustration à droite, tous deux encadrés d'un trait noir.
– Faire prélever les indices iconiques et les faire interpréter. Le quatrième voisin de Monsieur Lapin est un cochon tout rose. Si l'illustration présente le nouveau personnage, elle n'apporte pas d'autres informations. En effet, rien n'apparaît autour du cochon. L'absence d'indice concernant l'aliment de ce personnage donnera donc lieu à discussion.
– Proposer de lire le texte correspondant à cette illustration pour vérifier les supputations.

4. Découverte du texte :

– Afficher le texte.
– Laisser un temps d'observation pour que les élèves prélèvent seuls des indices écrits et s'aperçoivent de la répétition.
– Faire dire ce qui est compris à partir de la prise d'indices.
– Entamer le décodage du texte par l'identification des signes extralinguistiques : les majuscules, les points, le point d'interrogation, les guillemets. Leur fonction et leur incidence sur l'anticipation sont redonnées. Le dialogue

entre le cochon et Monsieur Lapin est retranscrit. La superstructure laisse entrevoir que la composition du texte est la même que précédemment. Le dégoût est plus long que dans les textes précédents.

– Faire identifier les morceaux de phrases connus.
– Encadrer les mots nouveaux: *cochon*, *n'importe*, *quoi*, *bien*, *pas*.
– Faire une lecture fragmentée pour que les élèves anticipent des mots nouveaux. Ils seront validés par un recours au contexte (texte et illustration), par une comparaison avec des mots connus, par les connaissances des élèves en matière de correspondance oral/écrit puis en dernier lieu par une comparaison avec les mots proposés que l'adulte écrira sous la dictée.
– Relire le texte pour rétablir la cohérence sémantique.
– Faire relire le texte par pointage des mots.

5. Compréhension littéraire:

Comme l'illustration qui l'accompagne, le texte permet d'identifier le quatrième voisin de Monsieur Lapin sans pour autant donner d'indication sur ce qu'il mange précisément. En effet, le cochon affirme se nourrir de «n'importe quoi». Tout est donc imaginable, même un cochon croqueur de lapin!

Bien qu'il puisse trouver quelque chose à manger dans ce régime alimentaire indéfini, le héros confirme ce que les précédents textes laissaient supposer. Monsieur Lapin ne mange pas n'importe quoi. La réponse du héros suggère en outre un peu de sa délicatesse face à un animal que l'on qualifie de sale.

La structure textuelle est toujours la même. Les trois étapes seront localisées dans le texte.

Trois élèves volontaires pourront jouer la saynète selon le même procédé que dans la séance précédente. Après quoi, l'enseignant fera isoler le discours direct et le discours indirect dans le texte.

Les personnages seront nommés au travers des pronoms personnels utilisés. On fera remarquer aux élèves que «je» et «tu» appartiennent au dialogue alors que «il» est propre au récit.

Cette cinquième phase se terminera par une nouvelle série d'hypothèses sur la suite à donner au récit.

6. Rendez-vous littéraire :

Il se déroulera à un autre moment de la journée selon le protocole donné dans la séance type.

7. Exercices d'entraînement :

Les exercices d'entraînement portent sur l'ensemble du corpus. Ils seront donnés dans le cadre d'ateliers tournants au cours de la semaine 4. Nous ne proposons qu'une série de trois exercices car les élèves seront sollicités pour une activité de production d'écrit individuelle.

Exercice 1 : entraînement individuel à la mémorisation des mots.

Exercice 2 : entraînement individuel à la segmentation des mots en lettres.

Exercice 3 : entraînement individuel à l'identification du discours direct et du discours indirect dans un texte.

EXERCICE D'ENTRAÎNEMENT 1

Découpe les étiquettes et colle-les au bon endroit pour compléter les phrases :

Le lapin mange des................. .

La grenouille mange des................. .

L'oiseau mange des.................... .

Le poisson mange des................. .

Le cochon mange.................... .

larves	mouches	carottes
vers	n'importe quoi	

EXERCICE D'ENTRAÎNEMENT 2

Cherche et colorie en entier les mots suivants dans le quadrillage :

poisson – cochon – demande
répond – dit – fait

O	P	É	R	T	I	F	A
D	I	T	O	F	A	I	T
D	E	A	M	R	É	P	O
H	D	E	M	A	N	D	E
C	R	É	P	O	N	D	E
P	O	I	S	S	O	N	M
N	A	I	F	T	D	C	H
R	É	C	O	C	H	O	N

EXERCICE D'ENTRAÎNEMENT 3

Colorie dans le texte suivant : – en jaune ce que dit le personnage,
– en vert ce que raconte l'auteur :

Un jour, sa petite voisine le surprit en train de courir après son chien, une fourchette à la main. « Au secours ! Au secours ! » cria-t-elle, « Petit ogre veut manger Médor ! »

(extrait de *Un bon petit ogre*, de Claude Boujon)

SEMAINE 4
LECTURE DU TEXTE 6

COMPÉTENCES :

Dans le domaine de la production d'écrit (collectif) :

– Écrire le texte correspondant à l'illustration,
– Utiliser la structure textuelle adoptée par Claude Boujon,
– Faire correspondre la chaîne orale et la chaîne écrite,
– Utiliser le corpus de mots connus,
– Proposer une écriture pour les mots nouveaux.

Dans le domaine technique :

– Repérer les signes extralinguistiques : majuscules, points, points d'interrogation, guillemets,
– Identifier des mots connus,
– Décoder des mots nouveaux,

Dans le domaine littéraire :

– Prélever des indices iconiques et les interpréter,
– Mettre en relation l'illustration et le texte,
– Identifier la structure du dialogue,
– Distinguer le discours direct et le discours indirect.

Dans le domaine culturel :

– Les compétences données dans la séance type du « Rendez-vous littéraire ».

MATÉRIEL :

– L'album *Bon appétit ! Monsieur Lapin*,
– Étiquettes mots en grand format (cf. p. 70)
– Affiche blanche qui servira à la production d'écrit collective,
– Affiche sur laquelle le texte suivant est écrit en script :

> « Que manges-tu ? » demande-t-il à la baleine.
> « Du plancton », répond la baleine.
> « Qu'est-ce que c'est que ça ? » dit Monsieur Lapin.

– La caisse des albums de Claude Boujon,

DÉROULEMENT :

1. Remise en contexte :

– Faire reformuler le projet de lecture d'albums de Claude Boujon.
– Donner l'album à un élève volontaire pour qu'il relise devant ses camarades le titre et l'histoire découverte jusque-là. Il adoptera la posture d'une lecture à haute voix pour d'autres.

2. Émission d'hypothèses :

– Montrer l'illustration du texte 6.
– Faire repérer le changement dans la composition éditoriale : l'illustration occupe une double page. Le texte est découpé en trois blocs. Le tout est encadré d'un trait noir.
– Faire prélever les indices iconiques et les faire interpréter. Monsieur Lapin rend maintenant visite à une baleine. Pour amplifier la grande taille de ce nouveau voisin, Claude Boujon a choisi d'occuper une double page. Alors que tous les animaux rencontrés jusque-là étaient orientés vers la gauche, la baleine se dirige vers la droite. Quel sens les enfants donnent-ils à ce nouvel élément graphique ? Le cétacé flotte à la surface de l'eau comme le suggèrent la ligne d'eau tracée en noir et les bandes bleue et jaune qui découpent l'illustration en deux parties à peu près égales. La baleine ouvre une grande bouche et montre ses dents blanches. Est-ce un sourire qu'elle fait à Monsieur Lapin ou est-ce le signe d'une agression possible ?
– Proposer d'écrire le texte correspondant à cette illustration.

3. Production d'écrit :

– Mettre les élèves en situation de produire collectivement un texte reprenant la structure répétitive. Pour ce faire, le contexte d'écriture sera défini. Il s'agira en effet de produire le dialogue entre Monsieur Lapin et la baleine. La trame textuelle rencontrée dans les précédents textes sera rappelée.
– Faire produire à l'oral la première phrase, puis la faire composer à l'aide des étiquettes mots et des signes de ponctuation qui seront collés au fur et à mesure sur le poster. Seul le mot « baleine » est à écrire. L'enseignant fera décomposer le mot en syllabes phoniques. Les élèves chercheront dans le corpus de mots connus des groupes de lettres pouvant servir à son écriture. Ils pourront également utiliser leurs connaissances dans le domaine de la correspondance oral/écrit.

– Faire produire à l'oral la réponse de la baleine. Les élèves réfléchiront à ce que peut manger le personnage. Ils utiliseront les étiquettes et tenteront de proposer une écriture du ou des mot(s) nouveaux selon le même procédé que précédemment.
– Faire produire à l'oral le refus de Monsieur Lapin. Les élèves auront le choix de réutiliser une formule connue ou d'en inventer une nouvelle. Dans le premier cas, ils utiliseront les étiquettes, alors que dans le second, ils proposeront une écriture possible dans les mêmes conditions que précédemment.
– Faire relire le texte par un élève volontaire.
– Proposer aux élèves de confronter leur production avec le texte originel.

4. Décodage du texte (Il peut être fait à un autre moment de la journée) :
– Afficher le texte.
– Laisser un temps d'observation pour que les élèves prélèvent seuls les nouveaux indices écrits et les comparent avec leur production.
– Faire dire ce qui est compris, ce qui est semblable et différent entre les textes.
– Entamer le décodage du texte par l'identification des signes extralinguistiques : les majuscules, les points, les points d'interrogation, les guillemets. Leur fonction et leur incidence sur l'anticipation sont redonnées. Le dialogue entre la baleine et Monsieur Lapin est retranscrit mais avec des modifications dans la réponse de la baleine et dans le refus du lapin. Il pose en effet une question. Que peut-il demander à la baleine ?
– Faire identifier les morceaux de phrases connues.
– Encadrer les mots nouveaux : *baleine*, *du*, *plancton*, *qu'est*, *ce*, *que*, *c'est*, *ça*.
– Faire une lecture fragmentée pour que les élèves anticipent des mots nouveaux. Ils seront validés par un recours au contexte (texte et illustration), par une comparaison avec des mots connus ou produits lors de la phase 3, par les connaissances des élèves en matière de correspondance oral/écrit puis en dernier lieu par une comparaison avec les mots proposés que l'adulte écrira sous la dictée.
– Relire le texte pour rétablir la cohérence sémantique.
– Faire relire le texte par pointage des mots.

5. Compréhension littéraire :
Sans surprise, le texte confirme que le cinquième voisin de Monsieur Lapin est une baleine. Elle n'a rien d'agressif comme pourrait le laisser supposer sa bouche

ouverte. Elle répond au lapin comme les autres voisins. En effet, sans débuter sa réponse par «je mange…», la baleine lui dit de quoi se composent ses repas. Le cétacé se nourrit de plancton, c'est-à-dire d'éléments très petits qui flottent à la surface de l'eau. Cet indice textuel sera à mettre en relation avec l'illustration sur laquelle la baleine est représentée en flottaison la bouche ouverte.

La question finale du héros est à interpréter. Sûrement comme la plupart des élèves, Monsieur Lapin ignore ce qu'est le plancton. Comment pourrait-il connaître cet aliment lui qui vit sur la terre ? Derrière sa question s'exprime la méfiance. Ne sachant pas ce qu'est le plancton, le lapin n'y goûtera pas. Sa quête échoue encore une fois. Quel autre voisin va-t-il aller voir ?

La structure textuelle est encore la même : une demande, une réponse, un refus. Deux élèves accompagnés d'un narrateur joueront la scène. Le discours direct et le discours indirect seront à nouveau identifiés et isolés dans le texte.

6. Rendez-vous littéraire :

Il se déroulera à un autre moment de la journée selon le protocole donné dans la séance type.

Étiquettes mots utiles pour la production d'écrit collective

Que	je	manges	-t-il	-tu	la

demande	mange	à	répond

la	des	dit	Monsieur	Lapin

«	»	«	»	«	»

?	!	.	.	.

SEMAINE 4
LECTURE DU TEXTE 7

COMPÉTENCES :

Dans le domaine de la production d'écrit (individuelle) :
- Écrire le texte correspondant à l'illustration,
- Utiliser la structure textuelle adoptée par Claude Boujon,
- Faire correspondre la chaîne orale et la chaîne écrite,
- Utiliser le corpus de mots connus,
- Proposer une écriture pour les mots nouveaux.

Dans le domaine technique :
- Repérer les signes extralinguistiques : majuscules, points, point d'interrogation, guillemets,
- Identifier des mots connus,
- Décoder des mots nouveaux.

Dans le domaine littéraire :
- Prélever des indices iconiques et les interpréter,
- Mettre en relation l'illustration et le texte,
- Identifier la structure du dialogue,
- Distinguer le discours direct et le discours indirect.

Dans le domaine culturel :
- Les compétences données dans la séance type du « Rendez-vous littéraire ».

MATÉRIEL :
- L'album *Bon appétit ! Monsieur Lapin*,
- Copie de la feuille de production d'écrit (cf. p. 75),
- Affiche sur laquelle le texte suivant est écrit en script :

> « Que manges-tu ? » demande-t-il au singe.
> « Des bananes », répond le singe.
> « Ça ne pousse pas dans mon jardin », dit Monsieur Lapin.

- La caisse des albums de Claude Boujon.

DÉROULEMENT :

1. Remise en contexte :

– Faire reformuler le projet de lecture d'albums de Claude Boujon.
– Donner l'album à un élève volontaire pour qu'il relise devant ses camarades le titre et l'histoire découverte jusque-là. Il adoptera la posture d'une lecture à haute voix pour d'autres.

2. Émission d'hypothèses :

– Montrer l'illustration du texte 7.
– Faire repérer le retour à la composition éditoriale des textes 2 à 5. Le personnage est représenté de face. Il semble regarder le lecteur.
– Faire prélever les indices iconiques et les faire interpréter. Après la baleine, Monsieur Lapin est allé voir son voisin le singe. Celui-ci est représenté assis, le sourire aux lèvres, une banane à la main. Quoi de plus normal ! Tout le monde sait que les singes mangent des bananes. Que va décider de faire le lapin ? Va-t-il se laisser tenter ou refuser une nouvelle fois cet aliment ?
– Proposer aux élèves d'écrire le texte correspondant à cette illustration.

3. Production d'écrit :

– Mettre les élèves en situation de produire individuellement un texte reprenant la structure répétitive. Pour ce faire, le contexte d'écriture sera défini. Il s'agira en effet de produire le dialogue entre Monsieur Lapin et le singe. La trame textuelle rencontrée dans les précédents textes sera rappelée.
– Présenter la feuille de production d'écrit. Faire lire ce qui est écrit et faire constater les mots manquants.
– Faire anticiper la consigne : écrire les mots qui manquent pour terminer le texte.
– Faire définir les aides pour écrire : le corpus de mots connus, la correspondance oral/écrit (syllabes, phonèmes).
– Lancer les élèves dans la production d'écrit. Une différenciation est bien sûr envisageable. L'adulte pourra éventuellement garder le groupe d'élèves le moins autonome face à l'écrit pendant que d'autres écriront seuls ou à deux.
– Faire lire des productions par des élèves volontaires.
– Proposer aux élèves de confronter leurs productions avec le texte originel.

4. Décodage du texte (Il sera fait à un autre moment de la journée) :

– Afficher le texte.

– Laisser un temps d'observation pour que les élèves prélèvent seuls les nouveaux indices écrits et les comparent avec leurs productions.
– Faire dire ce qui est compris.
– Entamer le décodage du texte par l'identification des signes extralinguistiques : les majuscules, les points, le point d'interrogation, les guillemets. Leur fonction et leur incidence sur l'anticipation sont redonnées. Le dialogue entre le singe et Monsieur Lapin est retranscrit. Cette fois, la différence porte comme pour la baleine sur la réponse donnée par le nouveau personnage.
– Faire identifier les morceaux de phrases connus.
– Encadrer les mots nouveaux : *singe*, *bananes*, *ne*, *pousse*, *mon*, *jardin*.
– Faire une lecture fragmentée pour que les élèves anticipent des mots nouveaux. Ils seront validés par un recours au contexte (texte et illustration), par une comparaison avec des mots connus ou produits lors de la phase 3, par les connaissances des élèves en matière de correspondance oral/écrit puis en dernier lieu par une comparaison avec les mots proposés que l'adulte écrira sous la dictée.
– Relire le texte pour rétablir la cohérence sémantique.
– Faire relire le texte par pointage des mots.

5. Compréhension littéraire :

Dans ce nouveau texte, point de nouveauté ! Le texte confirme les attentes formulées lors de la prise d'indices iconiques. On fera cependant réfléchir les élèves sur le sens à donner à la dernière phrase prononcée par le lapin. Celui-ci refuse comme d'habitude de manger l'aliment de son voisin. Seule la raison est nouvelle. Les bananes ne poussent pas dans le jardin de Monsieur Lapin. Cet argument suggère trois interprétations possibles. Premièrement, les deux personnages ne vivent pas sous les mêmes latitudes. Deuxièmement, le héros a vraisemblablement parcouru une grande distance pour aller voir le singe. Troisièmement, le lapin ne goûtera pas à un aliment qu'il ne pourra pas cultiver et manger lorsqu'il sera de retour chez lui.

L'enseignant fera jouer la saynète selon la même mise en scène que lors des séances précédentes. Le texte sera ensuite marqué des habituelles distinctions sémantique (structure textuelle) et linguistique (discours direct et discours indirect).

6. Rendez-vous littéraire :

Il se déroulera à un autre moment de la journée selon le protocole donné dans la séance type.

7. Exercices d'entraînement :

Les exercices d'entraînement portent sur l'ensemble du corpus. Ils seront donnés dans le cadre d'ateliers tournants au cours de la semaine 5.

Exercice 1 : entraînement individuel à la mémorisation de mots.

Exercice 2 : entraînement individuel à la reconnaissance de l'unité « mot » dans la chaîne écrite.

Exercice 3 : entraînement individuel à l'utilisation d'un corpus de mots connus.

Exercice 4 : entraînement individuel à la reconnaissance automatique de mots connus.

PRODUCTION D'ÉCRIT

Complète le texte correspondant à l'épisode du singe :

« Que manges-tu ? » demande-t-il au

....

« Je mange .... »

répond ....

« ....

.... »

dit Monsieur Lapin.

EXERCICE D'ENTRAÎNEMENT 1

Cherche les mots dont les lettres ont été mélangées et écris-les :

banane – plancton – singe – baleine – jardin

a l n
b
e i e

a l n
n p
t c o

a n i
d
r j

e
n g
i s

a n a
n b e

EXERCICE D'ENTRAÎNEMENT 2

Colorie les mots d'une couleur différente pour les séparer :

Qu'est-ce que c'est que ça ?

Qu'estcequec'estqueça ?

Ça ne pousse pas dans mon jardin.

Çanepoussepasdansmonjardin.

EXERCICE D'ENTRAÎNEMENT 3

Découpe les étiquettes et colle-les pour recomposer les phrases :

baleine	**singe**	**des**	**du**	**mange**	**mange**
.	**.**	**La**	**Le**	**plancton**	**bananes**

EXERCICE D'ENTRAÎNEMENT 4

Barre dans le texte les mots que nous n'avons pas lus :

« Que ranges-tu ? » demande-t-il au singe.

« Des bancs », répond le pince.

« Ça ne poule pas dans mon jardinier », dit Monsieur Lapin.

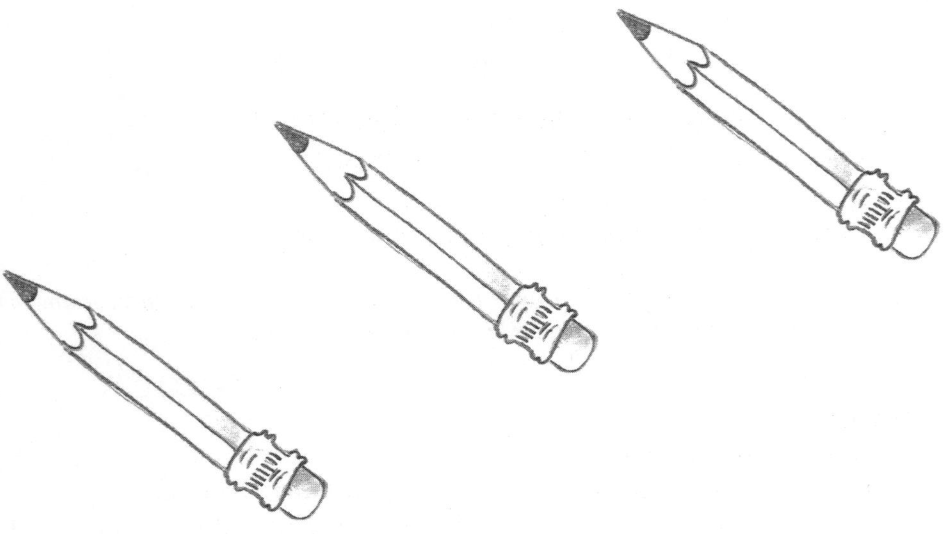

SEMAINE 5
LECTURE DU TEXTE 8

COMPÉTENCES :

Dans le domaine technique :
- Repérer les signes extralinguistiques : majuscules, points, point d'interrogation, point d'exclamation, points de suspension, guillemets,
- Identifier des mots connus,
- Décoder des mots nouveaux.

Dans le domaine littéraire :
- Prélever des indices iconiques et les interpréter,
- Mettre en relation les illustrations et le texte,
- Identifier les personnages quels que soient les procédés employés,
- Identifier la structure du texte,
- Distinguer le discours direct et le discours indirect dans le texte.

Dans le domaine culturel :
- Les compétences données dans la séance type du « Rendez-vous littéraire ».

MATÉRIEL :
- L'album *Bon appétit ! Monsieur Lapin*,
- Affiche sur laquelle le texte suivant est écrit en script :

> « Que manges-tu ? » demande-t-il au renard.
> « Je mange du lapin », répond le renard.
> « Au secours ! » crie Monsieur Lapin.
> Le renard se précipite sur lui pour le manger…

- Étiquettes mots en grand format : *baleine*, *plancton*, *c'est*, *ça*, *ce*, *singe*, *banane*, *ne*, *pas*, *pousse*, *mon*, *jardin* + toutes les étiquettes du corpus,
- La caisse des albums de Claude Boujon.

DÉROULEMENT :

1. Remise en contexte :
- Faire reformuler le projet de lecture d'albums de Claude Boujon.
- Donner l'album à un élève volontaire pour qu'il relise devant ses camarades

le titre et l'histoire découverte jusque-là. Il adoptera la posture d'une lecture à haute voix pour d'autres.

2. Relecture et structuration des textes 6 et 7, mémorisation de mots :

– Afficher les posters sur lesquels les élèves ont travaillé lors des séances précédentes.
– Demander à deux élèves volontaires de relire les textes tout en pointant les mots.
– Procéder à une reconnaissance des mots en contexte : montrer des mots dans le désordre puis les faire nommer, lire des mots et les faire montrer.
– Procéder à la reconnaissance des mots isolés du contexte : montrer les étiquettes une à une pour faire nommer les mots.
– Dicter des phrases aux élèves pour les leur faire reconstituer avec le corpus de mots connus :
  – Le lapin ne mange pas de bananes.
  – Il pousse la baleine.
  – L'oiseau mange dans le jardin.
  – Ce cochon mange ça !
  – C'est le singe de mon voisin.

3. Décodage du texte :

Pour cette séance, on privera les élèves d'une prise d'indices sur l'illustration avant le décodage du texte. En effet, celui-ci ne présente pas de difficulté particulière. Seuls huit mots sont nouveaux. La plupart peuvent être lus par anticipation.

– Afficher le texte.
– Laisser un temps d'observation pour que les élèves prélèvent seuls les nouveaux indices écrits.
– Faire dire ce qui est compris.
– Entamer le décodage du texte par l'identification des signes extralinguistiques : les majuscules, les points, le point d'interrogation, le point d'exclamation, les points de suspension, les guillemets. Leur fonction et leur incidence sur l'anticipation sont redonnées. Le dialogue entre un nouveau voisin et Monsieur Lapin est retranscrit.
– Faire identifier le discours direct et le discours indirect. À la différence des autres textes, ce nouvel épisode se termine par une phrase appartenant au discours indirect. Elle se termine par des points de suspension, ce qui suggère un suspense et une suite.

– Faire identifier les morceaux de phrases connus.
– Encadrer les mots nouveaux : *renard*, *du*, *secours*, *crie*, *se*, *précipite*, *sur*, *lui*.
– Faire lire la première et la deuxième phrase. La préposition « du » sera anticipée. Faire chercher l'animal susceptible de manger du lapin. Observer le mot « renard » pour identifier éventuellement des parties connues qui aideront sa lecture et permettront de valider les propositions. Écrire sous la dictée les mots proposés pour une validation.
– Faire procéder à une lecture fragmentée de la troisième phrase. Le contexte doit permettre aux élèves d'anticiper le mot « secours ». Un guidage sur la façon dont Monsieur Lapin doit prononcer l'appel à l'aide induira la lecture du verbe « crie ».
– Faire procéder à l'analyse de la dernière phrase. Les mots « manger », « se » et « sur » doivent être rapidement lus. L'enseignant fera observer le verbe « précipite » pour que les élèves le segmentent en parties connues. Les syllabes *pré*, *ci*, *pi*, *te* seront décodées. Le pronom « lui » sera anticipé.
– Relire le texte pour rétablir la cohérence sémantique.
– Faire relire le texte par pointage des mots.

4. Lecture des illustrations :

– Montrer successivement les deux illustrations qui correspondent au texte décodé.
– Faire repérer les compositions éditoriales différentes. La première illustration n'occupe que la page de gauche alors que la seconde tient sur une double page. Le texte et les illustrations sont encore encadrés d'un trait noir.
– Faire mettre en relation le texte et les illustrations. Les élèves obtiennent la confirmation en image que le septième voisin de Monsieur Lapin est un renard. Sur la première illustration, celui-ci est présenté de profil comme la grenouille, l'oiseau, le poisson, le cochon. L'animal est orienté vers la gauche. Cet indice graphique renvoie au texte qui reprend la structure répétitive. La scène présentée sur la seconde illustration nécessite une double page pour accentuer le danger et le mouvement. En effet, Monsieur Lapin est en position de recul. Il lève une patte pour se protéger tout en ouvrant la bouche. Ce détail est à associer à son appel au secours. Le renard quant à lui bondit sur le héros la gueule ouverte. Un léger sourire de satisfaction semble apparaître. Il est sûrement convaincu de manger le lapin. Cette scène complète la dernière phrase du texte.

5. Compréhension littéraire :

Au cours de cette phase, il s'agira moins de revenir sur la structure textuelle que de mesurer l'effet de ce nouvel épisode sur l'évolution du récit. En effet, le renard fait son entrée dans l'histoire de la même façon que les autres animaux. Interrogé par Monsieur Lapin toujours en quête d'aliments de substitution, il donne ses préférences alimentaires comme l'on fait ses prédécesseurs. Mais cette fois ce n'est pas un dégoût ou un refus qu'exprime le héros. Il crie au secours car il se sent menacé.

Le renard est vraisemblablement le dernier animal que va rencontrer le lapin. Cette rencontre est certes marquée par une répétition du dialogue mais aussi et surtout par la narration d'une action. Le texte assure donc une transition entre ce qui précède et la situation finale qui approche. En guise d'exemple, nous citerons un de nos élèves qui, interrogé sur le sens à donner à ce nouveau texte, dit : « C'est bientôt fini parce que le renard saute dessus le lapin. ». L'impact de l'action du renard sur la compréhension narrative peut être ressenti.

L'arrivée du renard marque donc un tournant dans le déroulement du récit. Monsieur Lapin est passé d'interlocuteur en interlocuteur jusqu'à rencontrer celui qui va stopper sa quête. Les points de suspension laissent cependant planer le doute quant aux modalités de fin. Les élèves pourront ainsi émettre des hypothèses qu'ils vérifieront lors de la lecture suivante.

L'enseignant fera identifier les personnages au travers des pronoms utilisés dans le texte comme il pourra faire jouer la scène à trois élèves volontaires.

6. Rendez-vous littéraire :

Il se déroulera à un autre moment de la journée selon le protocole donné dans la séance type.

SEMAINE 5
LECTURE DU TEXTE 9

COMPÉTENCES :

Dans le domaine technique :

– Repérer les signes extralinguistiques : majuscules, points, point d'interrogation, point d'exclamation, points de suspension, guillemets,
– Identifier des mots connus,
– Décoder des mots nouveaux.

Dans le domaine littéraire :

– Prélever des indices iconiques et les interpréter,
– Mettre en relation les illustrations et le texte,
– Identifier les personnages quels que soient les procédés employés,
– Identifier la structure du texte,
– Distinguer le discours direct et le discours indirect dans le texte.

Dans le domaine culturel :

– Les compétences données dans la séance type du « Rendez-vous littéraire ».

MATÉRIEL :

– L'album *Bon appétit ! Monsieur Lapin*,
– Affiche sur laquelle le texte suivant est écrit en script :

> …mais n'arrive qu'à lui croquer les oreilles.
> Monsieur Lapin tout tremblant rentre vite chez lui.
> Comme les carottes font pousser les oreilles des lapins, il s'en prépare une grande marmite.
> Il trouve ça très bon.
> Bon appétit ! Monsieur Lapin.

– Étiquettes mots en grand format : *renard*, *lui*, *crie*, *sur*, *du* + toutes les étiquettes du corpus,
– La caisse des albums de Claude Boujon.

DÉROULEMENT :

1. Remise en contexte :

– Faire reformuler le projet de lecture d'albums de Claude Boujon.

– Donner l'album à un élève volontaire pour qu'il relise devant ses camarades le titre et l'histoire découverte jusque-là. Il adoptera la posture d'une lecture à haute voix pour d'autres.

2. Relecture et structuration du texte 8, mémorisation de mots :

– Afficher le poster sur lequel les élèves ont travaillé lors de la séance précédente.
– Demander à un élève volontaire de relire le texte tout en pointant les mots.
– Procéder à une reconnaissance des mots en contexte : montrer des mots dans le désordre puis les faire nommer, lire des mots et les faire montrer.
– Procéder à la reconnaissance des mots isolés du contexte : montrer les étiquettes une à une pour faire nommer les mots.
– Dicter des phrases aux élèves pour les leur faire reconstituer avec le corpus de mots connus :
    – Le renard mange du lapin.
    – Le renard pousse le lapin dans le jardin.
    – Elle lui demande des bananes.
    – Il lui crie de manger du poisson.

3. Émission d'hypothèses :

– Montrer les trois illustrations une à une.
– Faire prélever sur chacune d'elles les indices iconiques et les faire interpréter au fur et à mesure. Sur la première des trois illustrations, le lapin est identifiable même si sa tête n'apparaît pas. Il entre chez lui en courant comme le montrent son enjambée et les trois petites traces noires derrière son pied. Le renard est quant à lui visible en arrière-plan. L'illustration suivante présente un lapin mutilé, privé d'une partie de ses oreilles. Le renard n'aura donc eu raison que de ce qui peut faire la fierté des lapins. Aussi la bouche en arc de cercle descendant suggère-t-elle la tristesse voire la honte de Monsieur Lapin. Son corps est en partie caché par une marmite dans laquelle il a plongé une cuillère. Que peut-il y avoir dedans ? Sur la dernière illustration, le héros a retrouvé le sourire mais pas ses oreilles. Il fait face à une assiette vide. Cet indice renvoie à la précédente image pour l'expliquer en partie. Monsieur Lapin s'est préparé à manger et a sûrement trouvé ça très bon. En outre, cette illustration fait écho à la première. Les élèves relèveront les indices divergents.
– Proposer de lire le texte correspondant aux trois illustrations pour vérifier les supputations.

4. Décodage du texte :

– Afficher le texte.
– Laisser un temps d'observation pour que les élèves prélèvent seuls des indices écrits.
– Faire dire ce qui est compris à partir de la prise d'indices.
– Entamer le décodage du texte par l'identification des phrases. Elles seront repérées par les majuscules et les points.
– Faire identifier les mots connus.
– Faire anticiper des mots possibles à partir des indices iconiques relevés dans la phase 3. Ces mots seront écrits, recherchés dans le texte puis comparés pour une validation.
– Faire comparer les mots nouveaux avec des mots connus.
– Faire utiliser les connaissances en matière de correspondance oral/écrit pour décortiquer tout ou partie des mots nouveaux.
– Faire une lecture fragmentée pour que les élèves anticipent des mots nouveaux. Ils seront validés par recours au contexte (texte et illustrations), puis par comparaison avec les mots proposés que l'adulte écrira sous la dictée.
– Donner les mots qui n'auront pas été décodés.
– Relire le texte pour rétablir la cohérence sémantique.
– Faire relire le texte par pointage des mots.

5. Compréhension littéraire :

Le dénouement est heureux. Monsieur Lapin n'a pas été dévoré par le renard. En revanche, il se trouve en mauvaise posture car ses oreilles ont été quelque peu raccourcies. Qu'importe ! Cet incident lui rappelle les vertus thérapeutiques des carottes. Ainsi s'il n'est pas allé au bout de sa quête, le lapin a redécouvert le bon goût de ce qu'il n'aimait plus. Sa rencontre avec le renard lui aura au moins permis de retrouver son quotidien de lapin.

D'un point de vue narratif, ce dernier épisode a un but qu'il conviendrait de faire sentir aux élèves. Pour ce faire, un rappel du parcours du héros semble nécessaire. On reprendra donc les étapes du récit pour d'une part éclaircir le rôle du renard et d'autre part mettre en opposition la situation finale et l'état initial. Dans cette perspective, il s'agira en outre d'utiliser le texte et les illustrations.

Sans animal prédateur, le lapin aurait sans doute continué sa quête inlassablement. Le récit n'aurait donc pas eu de fin. Or en se précipitant sur le lapin, le renard l'oblige à rentrer chez lui. Cet indice fait écho à un des premiers éléments narratifs prélevés dans la situation initiale. Monsieur Lapin a quitté sa maison pour aller regarder dans l'assiette de ses voisins. Il est une autre opposition à mettre en exergue. Elle tient aux carottes que le lapin n'aimait plus au début de l'histoire et qu'il trouve à son goût à la fin. Cette modification renvoie d'ailleurs le lecteur à des temps antérieurs à la situation initiale. Les élèves comprendront très bien qu'avant même de ne plus les aimer, Monsieur Lapin mangeait des carottes. Le renard lui permet donc de retrouver un équilibre. Cependant, le récit n'aurait pas le même intérêt s'il n'y avait pas de transformation importante. Claude Boujon l'a voulue comique, ce qui n'échappera pas aux élèves. En effet, le héros subit un changement physique certes temporaire mais significatif puisqu'il touche à l'attribut le plus caractéristique des lapins : les grandes oreilles.

Enfin, la dernière phrase du texte implique un retour au titre. « Bon appétit ! Monsieur Lapin » s'applique à la fois à la quête alimentaire du héros et à ses rencontres mais également à sa situation finale de rééquilibre.

6. Rendez-vous littéraire :

Il se déroulera à un autre moment de la journée selon le protocole donné dans la séance type.

7. Exercices d'entraînement :

Les exercices d'entraînement portent à la fois sur les deux derniers textes, sur l'ensemble du corpus et sur le récit. Ils seront donnés dans le cadre d'ateliers tournants au cours de la semaine 6.

Exercice 1 : entraînement individuel à la compréhension du récit et à la mémorisation de mots.
Exercice 2 : entraînement individuel à la compréhension du récit et à la lecture de phrases.
Exercice 3 : entraînement individuel à la mémorisation des mots en contexte.
Exercice 4 : entraînement individuel à la lecture compréhension.

Parallèlement à ces exercices d'entraînement, l'enseignant proposera aux élèves de relire les deux derniers textes pour travailler la reconnaissance des mots en contexte et hors contexte selon les mêmes modalités que dans les séances précédentes.

EXERCICE D'ENTRAÎNEMENT 1

Découpe les étiquettes personnages et colle-les sur la bande dans l'ordre d'apparition dans l'histoire ;
Découpe les étiquettes mots et colle-les dessous le personnage qu'ils désignent :

la grenouille | **le renard** | **l'oiseau**

la baleine | **le singe** | **le cochon**

le poisson | **le lapin**

EXERCICE D'ENTRAÎNEMENT 2

Découpe les étiquettes phrases et colle-les dans l'ordre pour compléter l'histoire :

Il demande à manger au cochon.
Monsieur Lapin rentre chez lui.
Il demande à manger au poisson.
Il demande à manger à l'oiseau.
Il demande à manger à la baleine.
Il mange les carottes.
Il demande à manger au renard.

Monsieur Lapin n'aime plus les carottes.

Il demande à manger à la grenouille.

Il demande à manger au singe.

EXERCICE D'ENTRAÎNEMENT 3

Découpe les étiquettes mots et colle-les au bon endroit dans le texte :

… mais n'arrive qu'à lui croquer les

....

Monsieur Lapin tout tremblant rentre

vite chez ....

Comme les carottes font ....

les oreilles des lapins, il s'en prépare une

grande ....

Il .... ça très bon.

Bon appétit ! Monsieur Lapin.

pousser	trouve	oreilles	lui	marmite

EXERCICE D'ENTRAÎNEMENT 4

Lis les phrases suivantes et barre celles qui ne veulent rien dire :

Le lapin trouve une carotte.

Le renard appétit lapin.

Baleine grenouille oreilles.

Le singe se prépare des bananes.

Le cochon rentre à maison.

Une marmite bon.

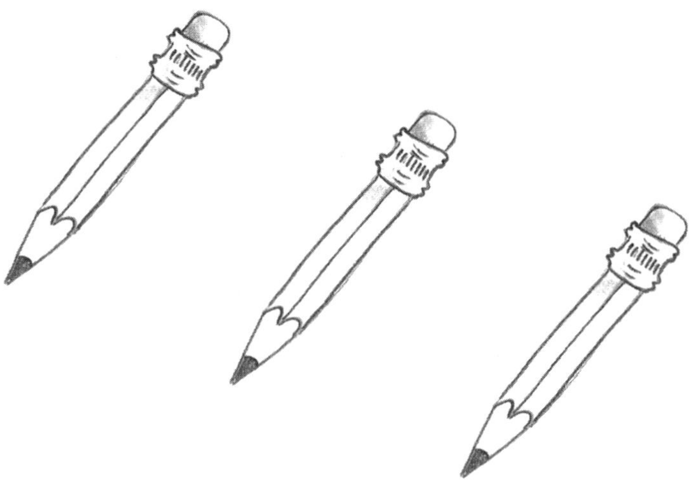

SEMAINE 6
COMPARAISON DE RÉCITS

COMPÉTENCES :

- Évoquer une histoire connue,
- Écouter une histoire lue par l'adulte,
- Prélever des indices écrits dans un texte écouté,
- Prélever des indices iconiques,
- Relever des points de convergence et de divergence dans deux histoires.

MATÉRIEL :

- Les albums : *Bon appétit ! Monsieur Lapin* et *Bon Appétit Monsieur Renard*,
- Des travaux d'élèves réalisés dans les exercices d'entraînement 1 et 2.

DÉROULEMENT :

1. Retour sur l'intégralité de l'histoire :

- Afficher des productions d'élèves extraites de l'exercice d'entraînement 1.
- Faire observer et relever les éventuelles erreurs.
- Afficher des productions d'élèves extraites de l'exercice d'entraînement 2.
- Faire lire les résumés composés et relever les erreurs éventuelles.
- Mettre en relation les deux séries de travaux.
- Faire rappeler le lien entre la situation initiale et l'état final, montrer aux élèves que leurs travaux n'expriment pas l'écho.
- Les faire réfléchir à une symbolisation permettant de le représenter. La bande d'images pourra être mise en couronne.

2. Découverte de *Bon appétit Monsieur Renard* et comparaison des deux histoires :

Au cours du projet, les élèves auront sûrement remarqué qu'un album porte sensiblement le même titre que celui qu'ils ont lu. Tous les mots étant connus, un élève volontaire les lira.

Comme dans les « Rendez-vous littéraires », les élèves qui auront feuilleté l'album seront invités à raconter l'histoire qu'ils ont construite sans utiliser les illustrations. Les personnages seront listés, la possible intrigue précisée. Les élèves seront alors sollicités pour amorcer une première comparaison entre les deux histoires.

L'enseignant proposera alors de lire l'histoire sans montrer les illustrations. L'objectif est de centrer l'attention des élèves sur le texte. Ils évalueront collectivement les points de convergence et de divergence.

Ce qui se ressemble	**Ce qui est différent**
– Il y a des personnages communs aux deux histoires : le renard, une grenouille, un oiseau. – Les deux textes parlent d'une baleine. – La quête est la même. Les deux héros cherchent à manger. Ils quittent leur maison. – À la fin de l'histoire, les deux personnages principaux rentrent chez eux. Ils se cuisinent quelque chose. – Le titre est repris à la fin.	– Les actions des personnages sont différentes. – Il y a des personnages différents. – Les personnages n'ont pas le même rôle. – Le renard et le lapin ne cherchent pas la même nourriture. – Dans *Bon appétit Monsieur Renard*, il n'y a pas de répétition textuelle.

Les élèves poursuivront leur activité de comparaison à partir des illustrations que l'enseignant montrera. Les points de divergence porteront d'une part sur le graphisme. En effet, les personnages communs aux deux histoires ne sont pas représentés de la même manière. D'autre part, les scènes illustrées de *Bon appétit Monsieur Renard* sont plus explicites. Certes redondantes par rapport au texte, elles le complètent en donnant des détails qui opposent davantage les deux histoires. Les élèves porteront notamment leurs regards sur les lieux qui sont différents.

Ainsi, si les titres poussent à rapprocher les deux histoires, les indices textuels et graphiques en font deux récits différents.

3. Suite du « Rendez-vous littéraire » :

Les élèves compléteront les activités relevant du « Rendez-vous littéraire ». Ils donneront leur avis personnel sur l'histoire comme ils réaliseront individuellement la fiche 2 en annexe.

SEMAINE 7
L'UNIVERS DE CLAUDE BOUJON

COMPÉTENCES :

– Mettre en lien plusieurs histoires d'un même auteur,
– Repérer quelques caractéristiques d'un auteur,
– Pouvoir parler d'un auteur en se référant à son œuvre.

MATÉRIEL :

– La caisse des albums de Claude Boujon,
– Copie des dessins (cf. pp. 98 et 99).

DÉROULEMENT :

Cette séance pourra être réalisée en plusieurs temps différés sur la semaine.

1. Exploration globale de l'œuvre :

Au cours de cette séance, il ne s'agit pas de faire définir précisément et exhaustivement l'œuvre de Claude Boujon. Le niveau littéraire et culturel des élèves de grande section ne le permet pas. Tout au plus conviendrait-il de leur faire comprendre que les entrées dans l'univers de l'auteur sont variées, qu'elles reposent sur des particularités narratives qui le caractérisent.

Une activité de tris est pour nous la mieux adaptée pour atteindre cet objectif. Elle oblige les élèves à porter simultanément un regard sur l'ensemble de l'œuvre et sur chaque histoire pour définir des critères de classification pertinents. En outre, chaque élève pourra confronter ses choix avec ceux des autres pour faire progresser sa connaissance de l'œuvre, enrichir ses compétences culturelles et renforcer ou approfondir ses savoir-faire.

Aussi l'enseignant sollicitera-t-il ses élèves pour qu'ils trient les albums contenus dans la caisse. Tous les critères qu'ils proposeront seront mis en œuvre et justifiés afin de juger de leur pertinence. Les tris successifs aboutiront à définir globalement ce qui fait la spécificité de l'auteur. C'est-à-dire ses personnages, ses intrigues, son humour.

L'enseignant pourra éventuellement guider la réflexion des élèves sans rien imposer. Nous donnons quelques tris possibles susceptibles d'être mis en œuvre :

Tris à partir des personnages (Ceux auxquels penseront en priorité les élèves !) :
– histoires d'animaux et histoires d'humains,
– histoires de sorcières, de fées et histoires sans magie,
– histoires avec ou sans lapin,
– histoires avec ou sans grenouille,
– histoires avec ou sans renard,
– histoires avec ou sans rat ou souris,
– …

Tris à partir du nombre de personnages :
– histoires avec seulement un personnage,
– histoires avec deux personnages qui se parlent,
– histoires avec trois personnages qui se parlent,
– …

Tris à partir de l'intrigue :
– histoires avec ou sans recherche,
– histoires avec ou sans rencontres successives,
– histoires avec ou sans dispute,
– …

Tris à partir des textes :
– histoires perçues ou non comme comiques,
– …

2. Mise en évidence des caractéristiques graphiques :

Claude Boujon n'est pas seulement auteur. Il est aussi illustrateur. Sa singularité réside dans sa manière de représenter ses personnages, leur environnement, les postures, les situations décrites par le texte. L'objectif de cette deuxième étape consisterait à montrer aux élèves qu'un illustrateur, en l'occurrence Claude Boujon, est reconnaissable par son graphisme.

L'enseignant orientera donc le regard des élèves sur un des personnages récurrent dans l'œuvre : le lapin. Il affichera les différentes copies d'illustrations proposées en pages 98 et 99. Les élèves observeront, décriront les personnages et tenteront de retrouver les histoires dans lesquelles ils évoluent. Ils s'apercevront que vus de face, de profil, en groupe ou seuls, ces lapins qui appartiennent à plusieurs histoires se ressemblent. Claude Boujon représente toujours cet animal de la même façon. Pour accentuer cette particularité, d'autres illustrations de lapin empruntées à des illustrateurs différents pourront être observées et opposées.

Ce qui est vrai pour le lapin, l'est également pour d'autres personnages. Grâce aux albums de la caisse, les élèves pourront remarquer les similitudes entre les grenouilles et les crapauds, les rats et les souris, les renards… qui peuplent les histoires de Claude Boujon.

3. Synthèse :

Cette troisième et dernière étape a pour objectif d'évaluer le parcours culturel des élèves et leur capacité à parler de Claude Boujon et de son œuvre. La démarche est simple puisqu'il s'agira de demander aux élèves de se dire ce qu'ils retiennent du projet et ce qu'ils ont appris de l'auteur. Ainsi devront-ils mettre en œuvre les compétences culturelles et littéraires construites au cours des six semaines.

Les réponses seront naturellement variées, plus ou moins denses selon les élèves. Il n'y a pas de déception à avoir si tel ou tel aspect n'est pas reformulé dans leurs échanges. L'important est qu'ils puissent évoquer l'auteur, ses histoires, leurs préférences dans le cadre d'un débat à caractère culturel dans lequel tous sauront de qui et de quoi on parle.

LES LAPINS DE CLAUDE BOUJON

ANNEXES

Documents reproductibles en fonction des pratiques de chaque enseignant.

Fiche 1 : Mémoire du parcours individuel de lecture.

Ces fiches seront photocopiées pour chaque enfant qui les complétera en écrivant la date ou les dates d'emprunt.

Nous rappelons que toutes les histoires doivent être découvertes à la fin du projet.

Fiches 2 : Mémoire littéraire

Ces fiches seront photocopiées pour chaque enfant et distribuées au fur et à mesure du projet. Elles seront complétées au terme du « Rendez-vous littéraire » pendant lequel l'album du jour aura été présenté.

FICHE 1

DES HISTOIRES DE CLAUDE BOUJON
J'ai lu…

Le ……………………………………………

……………………………………………

……………………………………………

Le ……………………………………………

……………………………………………

……………………………………………

Le ……………………………………………

……………………………………………

……………………………………………

Le ……………………………………………

……………………………………………

……………………………………………

Le ……………………………………………

……………………………………………

……………………………………………

Le ……………………………………………

……………………………………………

……………………………………………

Claude Boujon
La fée au long nez
lutin poche de l'école des loisirs

Claude Boujon
L'apprenti loup
lutin poche de l'école des loisirs

Le ....

....

....

Le ....

....

....

CLAUDE BOUJON
Pauvre Verdurette

Le ....

....

....

CLAUDE BOUJON
Verdurette cherche un abri

Le ....

....

....

CLAUDE BOUJON
Ah ! Les bonnes soupes

Le ....

....

....

Claude Boujon
LA BROUILLE
l'école des loisirs

CLAUDE BOUJON
On a volé
Jeannot Lapin

Le .... Le ....

....

....

Claude Boujon
Le crapaud perché
l'école des loisirs

CLAUDE BOUJON
Mangetout
et Maigrelet

Claude Boujon
La chaise bleue

Le .... Le .... Le ....

....

....

Le ....

Le ....

Le ....

Le ....

Le ....

Le ....

FICHE 2 A

Ce que je pense de l'histoire :

Ce que je retiens de l'histoire : dessine ou écris quelque chose à propos de cette histoire :

FICHE 2 B

Ce que je pense de l'histoire :

Ce que je retiens de l'histoire : dessine ou écris quelque chose à propos de cette histoire :

FICHE 2 C

Ce que je pense de l'histoire :

Ce que je retiens de l'histoire : dessine ou écris quelque chose à propos de cette histoire :

FICHE 2 D

Ce que je pense de l'histoire :

Ce que je retiens de l'histoire : dessine ou écris quelque chose à propos de cette histoire :

FICHE 2 E

Ce que je pense de l'histoire :

Ce que je retiens de l'histoire : dessine ou écris quelque chose à propos de cette histoire :

FICHE 2 F

Ce que je pense de l'histoire :

Ce que je retiens de l'histoire : dessine ou écris quelque chose à propos de cette histoire :

FICHE 2 G

Ce que je pense de l'histoire :

Ce que je retiens de l'histoire : dessine ou écris quelque chose à propos de cette histoire :

FICHE 2 H

Ce que je pense de l'histoire :

Ce que je retiens de l'histoire : dessine ou écris quelque chose à propos de cette histoire :

FICHE 2 I

Ce que je pense de l'histoire :

Ce que je retiens de l'histoire : dessine ou écris quelque chose à propos de cette histoire :

FICHE 2 J

Ce que je pense de l'histoire :

Ce que je retiens de l'histoire : dessine ou écris quelque chose à propos de cette histoire :

FICHE 2 K

Ce que je pense de l'histoire :

Ce que je retiens de l'histoire : dessine ou écris quelque chose à propos de cette histoire :

FICHE 2 L

Ce que je pense de l'histoire :

Ce que je retiens de l'histoire : dessine ou écris quelque chose à propos de cette histoire :

FICHE 2 M

Ce que je pense de l'histoire :

Ce que je retiens de l'histoire : dessine ou écris quelque chose à propos de cette histoire :

FICHE 2 N

Ce que je pense de l'histoire :

Ce que je retiens de l'histoire : dessine ou écris quelque chose à propos de cette histoire :

FICHE 2 O

Ce que je pense de l'histoire :

Ce que je retiens de l'histoire : dessine ou écris quelque chose à propos de cette histoire :

FICHE 2 P

Ce que je pense de l'histoire :

Ce que je retiens de l'histoire : dessine ou écris quelque chose à propos de cette histoire :

FICHE 2 Q

Ce que je pense de l'histoire :

Ce que je retiens de l'histoire : dessine ou écris quelque chose à propos de cette histoire :

FICHE 2 R

Ce que je pense de l'histoire :

Ce que je retiens de l'histoire : dessine ou écris quelque chose à propos de cette histoire :

FICHE 2 S

Ce que je pense de l'histoire :

Ce que je retiens de l'histoire : dessine ou écris quelque chose à propos de cette histoire :

FICHE 2 T

Ce que je pense de l'histoire :

Ce que je retiens de l'histoire : dessine ou écris quelque chose à propos de cette histoire :

FICHE 2 U

Ce que je pense de l'histoire :

Ce que je retiens de l'histoire : dessine ou écris quelque chose à propos de cette histoire :

FICHE 2 V

Ce que je pense de l'histoire :

Ce que je retiens de l'histoire : dessine ou écris quelque chose à propos de cette histoire :